KB199490

독서습관
100억원의 상속

독서습관 100억원의 상속

1판 1쇄 인쇄 | 2007년 7월 20일
1판 9쇄 발행 | 2012년 3월   5일

글 | 김순례 · 최익현
일러스트 | 백지원
교정 | 이선영

펴낸이 | 박진규
기획편집 | 한은영
디자인 | 서현숙
영   업 | 정석영
인   쇄 | 신흥P&P

펴낸곳 | 파인앤굿엔터테인먼트㈜
등록번호 | 제313-2004-000102호
등록일자 | 2004년 4월 26일
주소 | 서울시 구로구 가마산로 285번지 아이북랜드빌딩 3층
전화 | 02-2107-6390~4
팩스 | 02-852-2032

ISBN 978-89-959764-2-5   03000

아이의 인생을 바꾸는

독서습관
100억원의 상속

김순례 · 최익현 지음

fg 파인앤굿

하늘이 주신 선물, 독서습관

독서 지도를 하면서 아이들을 만나온 지 10여 년이 지났습니다. 그동안 만났던 많은 아이들을 떠올려 보면 대부분의 아이들이 뛰어났다는 걸 새삼 느끼게 됩니다. 가르치는 사람으로서 행복한 것은 뛰어난 인재들을 만나는 일이며 또 아이들이 교육을 통해 나날이 자라나는 것입니다. 아이들을 곁에서 지켜보노라면 잘 자라 주어서 그저 감사할 뿐입니다. 친자식은 아니지만 많은 아이들이 커 가는 모습을 지켜보는 것 또한 축복 받은 일이란 생각이 들어 더 의미가 새롭지요. 겉모습뿐만 아니라 정신적으로 성숙해 가고, 어려서 말썽을 부리던 아이들이 의젓한 모습으로 자라는 것을 보면서 '역시 아이들은 자라는구나!' 하며 함께하는 선생님들과 감탄하곤 합니다.

함께 모임(동화 읽는 교사 모임)을 해 오던 엄마들과도 많은 공감을 나누고 있습니다. 모임의 엄마들은 초등학교 선생님들로 "역시 책을 제대로, 많이 읽는 아이들이 두각을 나타낸다"며 연신 고개를 끄덕입니다. 독서는 정서적 안정감뿐만 아니라 여러 가지 기능들을 키워 준다는 확신이지요. 역시 문제는 어릴 때부터 어떻게 하면 즐겁게 책을 읽을 수 있게 하느냐는 것입니다.

흔히 습관의 힘을 강조합니다. 좋은 습관은 길들이기 어려우나, 나쁜 습관은 먹물 번지듯 쉽게 번진다는 말도 있듯, 좋은 습관을 쌓는 일은 무척 어렵습니다. 그러니 그런 속담도 생겨난 것이겠지요. 책 읽기는 습관의 문제입니다. 컴퓨터 앞에 앉는 것이 익숙해진 아이는 컴퓨터를 통해 세상을 만나게 되고, 책을 읽는 아이는 책을 통해 세상으로 가는 여행을 떠나게 됩니다.

서점가에는 '습관'이라는 제목이 붙은 책이 대략 4백여 권에 이를 정도로 즐비합니다. 성공하는 습관, 공부하는 습관, 이기는 습관, 백만 불짜리 습관……. 저자나 출판 기획자들, 또는 독자들까지 습관의 중요성을 이해하고 있다는 걸 의미합니다. 습관의 중요성을 이처럼 더 생생하게 보여 주는 현상이 또 있을까요?

저는 책 읽는 부모님의 모습, 책을 읽어 주는 부모님의 모습을 강조합니다. 아이들은 부모의 뒷모습을 보면서 자란다고 했습니다. 오늘날 많은 부모님들이 좋은 교육 환경을 물려주기 위해 밤늦게까지 땀 흘리고 계십니다. 유학 이민을 떠나는 분들도 점점 늘어나는 추세입니다. 어떤 방법이 최선인가는 분명하지 않지만, 기초가 되어야 하는 것은 '본(本)'입니다.

우스갯말이라고 하기엔 서글픈 내용이지만, 세간에 화제가 됐던 영화를 통해 유명해졌던 "너나 잘 하세요"라는 말은 우리 세태를 곱씹어보게 합니다. "너나 잘 하세요." 초등학생도, 대학생도, 아니 사회생활을 하는 어른도 이 말을 마음에 지니고 살지 않을까요? 그래, 너나 잘 하시지! 이 말에는 상대방에 대한 진정한 존경심도, 배려도 끼어들 자리가 없습니다. 너는 잘 못하면서, 나에게 그럴 수 있냐는 이 항변 아닌 항변은 우리의 집단무의식이기도 합니다.

본보기의 최고 스승은 부모입니다. 부모의 습관이 아이들의 잠재 성향에 강한 영향을 미칩니다. 책 읽기 역시 좋은 부모가 응당 보여 줘야 할 긍정적인 습관 중의 하나입니다. 앨빈 토플러가 말한 것처럼, 책 읽기는 미래를 만나는 가장 좋은 방법입니다. 아이들은 책을 통해 미래의 자신을 상상합니다. 자신이 앞으로 써 나가야 할 드라마의 '엔딩' 장면을 상상 속에서 확인하고, 그것을 비전 삼아 긴 여행을 떠나게 됩니다. 밤늦게까지 고생하지 않아도, 미국이나 캐나다로 유학 이민을 떠나지 않아도 가족이 함께 해결할 수 있는 손쉬운 방법은, 좋은

독서 습관을 만들어 주는 일입니다.

독서가 우리 아이들의 독해력, 이해력, 사고력 더 나아가 상상력, 판단력, 추리력, 창의력, 문제 해결력 등 갖가지 '힘'을 제공해 줄 것이란 기대 때문에 중요한 것만은 결코 아닙니다. 그것은 자연스러운 결과물이지 그것 자체가 목적이 되어서는, 아이들의 즐거움이 새록새록 늘지 않습니다. 스스로 기쁨을 발견하고, 아파하고, 힘들어하고, 즐거워하고, 긍정의 힘을 배우고, 세상의 다양한 길들을 바라볼 수 있고, 그렇게 여물어 가는 아이들을 기대한다면, 그냥 그저 즐겁게 엄마, 아빠가 먼저 책을 읽고 대화를 시작하고 가까운 근교에 나가 자연의 공기를 마시는 모습을 보여 주면 됩니다.

2007년 7월

C·O·N·T·E·N·T·S

책머리에

제1장 독서는 더 이상 선택이 아니다

심각한 독해 장애, 우리 아이는 이상 없나? • 17

'명문대 다닌다' 얘기하기 창피해요 • 23

수학 · 과학이 독서와 무슨 상관? • 28

오프라 윈프리와 빌 게이츠 • 31

제2장 독서습관보다 빛나는 상속은 없다

책 읽어 주는 엄마의 목소리 • 39

쉬운 책부터 시작하라 • 42

재미가 습관을 만든다 • 47

원하면 끝까지 읽어 주라 • 50

부모는 인내심을 가진 코치 • 54

사 주지 못하면 빌려서라도 주라 • 57

거실을 서재로 • 60

엄마, 아빠와 함께 가는 서점 여행 • 63

제3장 독서는 생애 최고의 선물이다

● 첫째 선물 : 학습 능력과 성적을 올려준다

자연스럽게 깨우치는 한글 · 69

진석이의 영어 실력 · 73

영재 키우기 · 77

공부에 대한 집중력 · 79

책 읽는 아이는 갈수록 빛을 발한다 · 83

선생님, 시험 점수 30점 올랐어요 · 86

학원 공부 없이도 수시에 합격하다 · 89

독서로 꿈을 이룬다 · 94

● 둘째 선물 : 10만 명을 먹여 살리는 상상력과 창의성

상상력과 창의성이 미래를 리드한다 · 99

상상력은 힘이 세다 · 102

상상력에 날개를 달아 주는 창의성 · 108

시커멓게 그린 아이의 얼굴 · 110

돌멩이도 훌륭한 그림이 된다 · 113

● 셋째 선물 : 스스로 생존하는 힘을 길러준다

문제 해결력은 생존의 능력 · 116

듣기와 토론은 사회생활의 기본 · 120

사고력은 종합 능력이다 · 126

마음을 치유하는 책 이야기 · 130

제4장 보물 상자 찾아주기

● 첫째 상자 : 욕구별 책 찾아주기

사랑 – 엄마, 아빠의 사랑을 확인하고 싶어요 • 138

힘 – 나는야 마징가 제트 • 140

자유 – 날고 싶어요 • 142

즐거움 – 매일매일 놀면 얼마나 좋을까? • 145

생존 – 먹고 싶고, 자고 싶고 • 150

● 둘째 상자 : 관심별 책 찾아주기

자기 정체성 – 넌 특별하단다 • 154

생활습관 – 씻기 싫어요 • 157

수와 셈 – 더하기, 빼기 그리고 나누기, 곱하기 • 161

계절 – 여름의 빛깔은 초록 • 164

과학 – 미래의 과학자를 꿈꾼다 • 166

환경 – 지구가 더러워졌어요 • 171

그림 – 책은 훌륭한 예술품 • 173

옛날이야기 – 귀가 쫑긋쫑긋 • 176

전통문화 – 과거로 가는 타임머신 • 180

가족 – 사랑의 울타리 • 183

친구, 그리고 그 밖의 이야기들 • 187

● 셋째 상자 : 연령별 책 찾아주기

만 1~2세 – 아니 벌써? • 192

만 3~4세 – 나도 알 만큼 알아요 • 195

만 5~6세 – 보고 싶은 책이 너무 많아요 • 197

초등 1~2학년 – 아직은 어리다고요 • 202

초등 3~4학년 – 조금 어려워도 괜찮아요 • 208

초등 5~6학년 – 어려운 책도 척척 • 215

● 넷째 상자 : 글쓰기 능력 키워주기

감상문 – 참 쉬워요 • 224

설명글 – 얘기해 줄 수 있어요 • 227

주장글 – 난 이렇게 생각해요 • 230

시 – 느낌을 잡아요 • 232

관찰기록문 – 자세히 보아요 • 235

견학기록문 – 떠나고 싶어요 • 237

사생글 – 그림을 글로 표현해요 • 239

서사글 – 시간 흐름대로 쓸래요 • 243

편지글 – 작가에게 편지를 써요 • 245

상상글 – 마음껏 그려요 • 247

에필로그 • 252

부록 • 255

제1장 독서는 더 이상 선택이 아니다

자녀를 키우는 데는 많은 공과 정성이 들어갑니다. 아이가 태어나면 잘 먹이고 잘 씻기고 잘 재우는 것에 혼신의 힘을 다합니다. 이는 육체적인 보살핌이지요. 육체적 보살핌 못지않게 정신적인 보살핌에도 정성을 쏟지요. 지식과 지혜를 겸비하게 해 주고 더불어 영적인 종교의 세계로 이끌어 주기도 합니다.

대부분의 부모들은 자녀의 정신력을 키워 주기 위해 책을 가까이 할 수 있는 환경을 만들어 주려고 노력합니다. 그런데 모든 아이들이 책을 좋아하고 잘 읽는 것은 아닙니다. 어떤 아이는 책을 너무 좋아해서 길을 걸으면서도, 밥 먹는 식탁에서도 책을 보다가 오히려 부모님이 나서서 꾸중을 해야 할 정도이고, 어떤 아이는 책을 너무나 싫어해서 서점 가자고 하면 줄행랑을 쳐 부모님의 걱정을 사기도 합니다. 내 아이를 책을 가까이하는 아이로 키울 것인가, 아니면 책을 멀리하는 아이로 키울 것인가 하는 것은 부모님의 역할과 태도가 어떠한가에 전적으로 달려 있습니다.

책과 가까이하지 못하는 아이들 중에는 책이 싫어서가 아니라 시간에 쫓겨서 읽지 못하는 경우도 있습니다. 정말 책을 읽을 시간이 없어서 읽지 못하는 경우인 거죠. 학교를 마치고 영어, 수학, 태권도 등 서너 군데의 학원을 돌면 초등 저학년이라도 저녁에 들어올 수밖에 없지요. 하루 종일 지친 아이에게 "책을 많이 읽어야 훌륭한 사람이 된단다" 하면서 책을 들이민다면 아이의 반응은 어떨까요? 책이 곧 고문 도구나 다름없으니 책을 좋아할 리 만무하지요.

고학년이 되면 사정은 더 나빠집니다. 하교 시간 자체가 서너 시 이후가 되고 학원 두세 군데 다녀오면 깜깜한 밤입니다. 전 과목을 공부하는 학원은 어떻게 해서든 아이들의 성적을 올려야 하니까, 하루에 서너 시간 붙들고 있을 수밖에 없지요. 수업을 하는 경우도 있지만 마냥 앉아 문제집을 풀게 하느라 잡아둘 때가 많기 때문에 아예 학원에서 시간 다 보내고 10시 이후에야 겨우 집으로 돌아오는 아이들이 대부분입니다. 혹시 오래 붙잡아 두는 학원이 좋은 학원이라는 생각을 하고 있진 않으신가요? 게다가 학원 숙제는 또 왜 그리 많은지, 학원 숙제하느라 학교 숙제도 못해 갈 지경입니다. 정신을 살찌우고 신체를 단련하는 건 일찌감치 제쳐두고 학원 공부에만 매달리는 아이에게 책을 보라는 주문 자체가 무리일 수밖에요. 우리 아이들이 정말 이런 삶을 원할까요?

심각한 독해 장애,
우리 아이는 이상 없나?

책을 읽어도 금방 그 내용을 잊어버리고, 읽고도 무슨 말인지 모르는 아이들을 가끔 만납니다. 이 경우 '독해 장애'를 의심해 봐야 합니다. 일종의 학습 장애인 독해 장애는 '읽기 장애'의 전형적인 현상입니다. 송종용 서울 학습장애 상담센터 소장은 독해 장애를 "글을 정확히 읽거나 읽은 글을 이해하는 데 있어서 자신의 지능이나 연령에 비해 성취도가 떨어지는 경우"라고 말합니다. 책은 잘 읽는데 의미를 정확하게 파악하지 못한다면 독해 장애에 해당합니다. 이런 독해 장애가 있는 아이들에게 《선녀와 나무꾼》을 큰 소리로 끝까지 읽게 하고, 이야기의 줄거리를 말해 보라고 하면, 줄거리를 이야기 순서대로 말할 수 없을 뿐만 아니라 이야기의 중요한 사건도 집어 내지 못합니다. 왜 그럴까요? 송종용 소장의 말을 빌려 보겠습니다.

왜 책은 곧잘 읽으면서도 내용을 파악할 수 없는 것일까?

이 질문에 대해 많은 연구들이 있지만 가장 유력한 가설은, 독해 장애 아이들은 읽을 수는 있으나 그들이 가지고 있는 지적인 능력을 읽는 데 다 써버리기 때문에 읽은 내용을 파악하는 데는 할애할 에너지가 없다는 것이다. 즉, 책을 읽는다는 것은 글자를 읽으면서 동시에 그 내용과 의미를 파악하는 두 가지 과제를 해야 하는 것인데, 독해 장애 아동들은 글자를 소리로 바꾸는 데 모든 노력을 기울이기 때문에 글자는 정확히 읽었지만 그 내용을 처리하지 못해 그 의미를 파악하지 못한다는 것이다. 독해 장애의 경우 글자는 읽을 수 있기 때문에 부모나 선생님들은 아이에게 문제가 있다는 것을 눈치 채지 못한다.

– 송종용, 《학습장애》, 학지사, 2000, p.24

이러한 독해 장애가 무서운 이유는 일반적으로 저학년에서는 읽기 수준이 다른 아동과 같거나 비슷하게 나타나지만, 교과 과정이 어려워지는 4학년이나 그 이후에서야 독해 장애가 드러난다는 사실입니다. 게다가 독해 장애는 산수 장애와 쓰기 장애 등과 동반해서 나타납니다. 내용 이해도 느리고, 제대로 되지 않으니 독해 장애 아이들의 학습 능력이 떨어지는 것은 당연하겠지요. 이런 아이일수록 주의력과 듣기 능력을 향상시켜야 합니다.

독해 장애는 듣기 부족에서 생기고, 이는 다른 교과목의 성적에 영향을 주는 것은 물론 때로는 심각한 사회성 결여를 초래할 수도 있습니다. 이에 대한 처방으로 송종용 소장은 시각 자료를 활용한 듣기 능력 향상을 강조합니다. 시각 자료를 활용한 듣기 능력 향상의 방법은 어떤 것이 있을까요? 바로 '그림책 읽어 주기'입니다.

아이는 그림책을 먹고 자란다

어릴 때 엄마가 읽어 주는 그림책은 아이의 성장에 매우 중요한 역할을 합니다. 이는 아이에게 학습 능력의 바탕은 물론 여러 가지 이점을 가져다주니까요. 좋은 글과 적절한 그림이 한데 어우러져 있는 그림책은 훌륭한 텍스트랍니다. 엄마가 책을 읽어 주면 아이는 들으면서 눈으로 그림을 구체화시킵니다. 글도 못 읽는 아이가 뭘 알까 싶어도 옆에서 지켜보면 자주 놀라게 됩니다. 아이들은 마음으로 책을 보기 때문이지요.

어른의 눈으로 보면 몇 쪽 되지도 않고 단순하고 글도 몇 자 안 되어 '무슨 책이 값만 비싸고, 이게 애들에게 도움이 될까?' 싶지만 그렇지 않습니다. 소리 내어 읽어 보면 글이 주는 즐거움이 남다릅니다. 또 그림을 아이들에게 읽게 하면 – 정말 그렇습니다. 그림을 보는 것이 아니라 읽는 것입니다! – 아이들이 책 속으로 얼마나 푹 빠져드는지 느낄 수 있습니다.

그림책은 어린이와 어른을 이어주는 끈이다

책을 읽어 주면 읽어 주는 부모님과 듣는 어린이가 정서적으로 더 깊은 공감대를 형성할 수 있습니다. 나중에 사춘기 때 잠시 비뚤어진다 해도 서로 정서적인 공감대로 끈끈하게 묶여 있어, 방황을 마치고 반드시 가족의 품으로 돌아올 것입니다.

그림책은 그 자체가 훌륭한 창의적 산물이다

그림책 하나하나는 완성도가 굉장히 높은 책입니다. 책을 만드는 작가 분들은 그들이 만드는 책에 가장 적합한 그림과 가장 적합한 장정을 고심하고 고심합니다. 또한 글에 가장 적합한 그림을 그리려 노력합니다. 재료 면에서나 표현 기법 면에서도 말이지요. 그러니 완성도가 높고 다양할 수밖에요.

그림책 속엔 다양한 세상과 상상의 세계가 펼쳐진다

요즘은 그림책이 모든 분야를 다루고 있어 아이에게 다양한 세계를 접하게 해 줄 수 있습니다. 자기 정체성, 생활 습관, 수(數), 계절, 과학, 환경, 미술, 음악, 옛날이야기, 전통문화, 가족, 친구 등 거의 제한이 없지요. 또한 무궁무진한 상상의 세계가 펼쳐져 있어 그림책을 읽다 보면 아이와 함께 마법의 양탄자를 타고 상상의 세계를 날아다니게 된답니다. 소재나 기법에서 상상력을 극대화시킨 작품들이 인기가 많은 이유이기도 하지요. 상상도 바탕이 있어야 더 많이, 더 잘, 더 자유롭게 상상할 수 있습니다. 어려서부터 단순히 지식만 나열한 책을 읽은 아이들에게 "상상해 보세요"라고 주문하는 것은 아이를 고문하는 일이에요.

초등 4학년까지 학습 표현 활동 중에는 상상해서 표현하는 것이 아주 많은데, 이런 책들을 읽은 아이들이 잘 표현해 내는 것은 당연한 일입니다. 또한 많은 문학작품이나 예술작품들이 모두 상상력의 소산

이란 사실도 중요합니다. 어려서부터 다양한 상상력의 세계를 접하게
해 준다면 상상력의 바탕은 잘 다져지겠지요?

그림책을 많이 보면 예술적인 감각이 자란다
그림의 기법이나 소재가 다양하고 작가들마다 자기 고유의 세계를
심혈을 기울여 펼쳐 놓았기 때문에 그림책은 축소판 미술관과 다를
바 없습니다. 전시관에도 갈 수 있지만 언제든지 쉽게 생활 속에서 예
술의 세계를 접할 수 있는 장점은 그림책이 지닌 큰 미덕입니다.

그림책을 읽으면 다양한 소리나 표현을 배울 수 있다
어려서부터 그림책을 많이 읽어 준 아이들은 언어 능력이 뛰어납니
다. 어휘력도 풍부하고 표현력도 풍부하지요. 글에서 읽고 들었던 시
적 표현들(은유, 함축)이나 다양한 언어 표현은, 시각적 흥미와 함께 듣
는 것 자체만으로도 아삭아삭한 기쁨과 재미를 키워 주기 때문입니다.

그림책을 통해 다양한 욕구를 인정하고 정서적인 안정감을 갖는다
우리 인간에게 있는 다양한 욕구들은 그림책 속에 그대로 스며들
어 있습니다. 이를 읽으며 간접적으로 욕구들을 충족하는 것이지요.
적절한 욕구 충족은 자라는 아이에게 정서적인 면에서 균형적인 안정
감을 가져다줍니다.

그림책을 읽어 주는 일은 정말이지 힘을 덜 들이고 여러 가지 효과를 얻을 수 있는 가장 좋은 방법입니다. 그러니 자녀에게 책 읽어 주는 일을 게을리 하지 마세요.

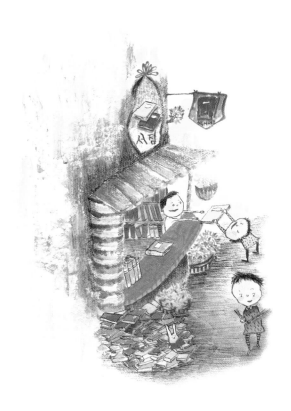

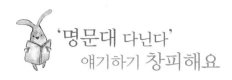

'명문대 다닌다'
얘기하기 창피해요

모 지자체에서 강의 요청이 있었습니다. 일회 강연이라 무엇을 할까 생각하다가 '독서와 공부의 관계'에 대해 강의를 하기로 마음을 먹었지요.

공부의 바탕은 국어입니다. 국어는 듣기·말하기·읽기·쓰기로 구성되어 있습니다. 이 네 가지를 쉽게 길러줄 만한 방법이 없을까요? 책 읽어 주기가 바로 정답입니다.

책을 읽어 준다는 것은 곧 '읽기'입니다. 엄마나 아빠가 잘 읽어 주면 읽기가 잘 되거든요. 많은 아이들이 내용 파악을 하지 못하는 경우, 읽어도 무슨 소리인지를 잘 모릅니다. 소리 내어서 읽게 해 보면 띄어 읽기나 바르게 읽기가 안 돼 있다는 걸 금방 알게 되지요. 그러니 무슨 내용인지, 무슨 의미인지 모를 수밖에요. 바른 소리로 읽어 준다면 그 자체가 읽기 교육입니다. 게다가 스스로 읽을 때, 특히 저학년 때는 글자 한 자 한 자에 마음을 쓰다 내용을 흘려버리는 경우도 많지만, 책을 읽어 주게 되면 아이들은 편안하게 내용을 따라갈 수 있습니다.

아! 여기서 하나 주의할 것이 있네요. 아이를 옆에 앉혀 두고 위압적인 목소리로 간간이 "집중하지 않을 거야? 그러면 혼내준다"는 등의 말을 하면서 책을 읽는다든가, 다 읽고는 이런저런 질문을 던지면서 "왜 그걸 몰라? 무얼 들었니?" 하며 꾸짖는 방식으로 읽기를 진행해서는 곤란하다는 겁니다. 왜 곤란하냐고요? 그것은 아이들이 원하는 책 읽기가 아니라서 그렇습니다. 책을 읽어 주는 것은 함께 몰입해 가는 공동 행위이거든요. 의무나, 강제, 필요가 앞서면 아이들도 지치고 책 읽어 주는 부모님도 금방 지치게 됩니다.

책을 읽어 줄 때 이것을 듣는 행위가 '듣기'입니다. 요즘은 남의 말을 잘 들을 줄 모른다고 걱정이지요. 근래 대형 서점가 북 코너의 베스트셀러들이 '경청'과 관계된 책일 정도로 '듣기'는 중요한 능력입니다. 어른들뿐만 아니라 아이들에게도 듣기는 정말 값진 능력이고요.

왜 말을 들을 줄 모를까요? 들을 기회가 없기 때문입니다. 대답이 너무 단순했나요? 읽어 주는 것을 잘 알아듣는다면 듣기 능력을 갖추었다고 볼 수 있어요. 외국어를 배울 때도 듣기를 잘해야 말을 잘할 수 있는 것처럼, 책을 잘 읽어 주어 잘 듣게 한다면 공부할 자세의 반은 이미 갖춘 게 됩니다. 그래서 공부를 잘 하느냐 못하느냐의 차이는 잘 알아듣느냐 그렇지 못하느냐의 차이라고 하는 학자들도 있지요. 똑같이 설명을 들어도 어떤 아이는 알아듣고 어떤 아이는 알아듣지

못합니다. 물론 배경 지식의 여부도 영향을 미치겠지만 듣는 태도와 듣기 훈련이 부족해서 그런 것입니다.

'말하기'는 또 어떤가요? 책을 같이 읽었으니 상호간에 말이 오가겠지요. 이때 자연스레 자신의 생각을 말한다면 말하기가 저절로 되지 않을까요? 어떤 어머니는 말하기를 시킨다며 이것저것 아이에게 묻겠지만 이는 말하기보다는 그저 대답하는 수준일 것입니다. 같이 읽고 책에 대해 자연스레 대화를 나누면 말하기는 물론 더 나아가 서로의 다른 생각을 말하고 받아들이는 토론의 기초까지 단단해집니다.

'쓰기'도 마찬가지예요. 책을 읽고 나면 쓸거리가 많아지지요. 글감 자체도 그렇지만 독서를 통한 사고력의 배양은 곧 쓸거리를 찾았을 때 많은 내용을 쓰게 해 주는 것이어서 그렇습니다. 읽어 준 부모님과 함께 이야기 나눈 것을 정리해 쓴다면 그것이 논술의 기본 토대가 됩니다. 논술을 의식하지 않아도 자연스럽게 논술의 효과를 거둔다는 뜻이지요. 이렇듯 책 읽어 주기는 일석사조의 효과가 있습니다.

이런 내용의 강연을 마쳤습니다. 그때 강연 내내 고개를 연신 끄덕이며 듣던 어머니가 계셨습니다. 물론 대부분의 어머니들이 그러셨지만 그중에도 눈에 띄는 그 어머니는 연세가 조금 있으셔서 초등학생을 둔 학부형은 아닌 듯해 조금 의아스럽기도 했습니다. 질문을 몇 개 받고 강연을 마쳤을 때 그 어머니께서 제게 다가오셨습니다.

"저어, 얘기 좀 하려고요."

"네, 말씀하세요."

"선생님 말씀이 다 옳아요. 우리 애가 대학생인데요, 하도 답답해서요."

"뭐가요?"

"학교 다닐 때 똑똑하다는 소리 들으며 공부한 애인데요, 대학도 자기가 원하는 좋은 대학에 갔고요. 휴~!"

"아이고, 남부러울 것 없으신 분이시네요. 남들이 다 부러워하겠어요. 그런데 왜?"

"그런데 그 애가 대학을 들어가고 나서 함께 TV를 보는데 뉴스가 나오면 무슨 말인지 못 알아들어서요. 제가 깜짝 놀랐지 뭐예요. 진짜 못 알아듣는지, 그런 애가 어찌 대학에 들어갔는지, 또 대학을 가면 뭐해요. 무슨 말인지를 모르는데. 요즘은 걔가 사회에 나가서 제대로 생활할 수 있을까 정말 걱정돼요."

어머니의 말씀이 이어졌습니다.

"애가 책을 도통 안 읽어요. 물론 어려서 읽어 주지도 않았지만요.

지금이라도 무슨 방법이 없을까요? 애 아빠가 대학생이 읽어야 할 교양서들을 몇 권 정리해서 책상에 두었는데, 잘 읽는지도 모르겠어요. 그것이라도 읽으면 좋을 텐데요."

여러분은 믿기시나요?

내로라하는 명문대에 다니는데 뉴스를 이해하지 못한다니요! 대학생이 되었는데, 책과 대화의 내용을 잘 따라잡지 못한다면 정말 큰 문제입니다. 아마도 입시에 초점이 맞추어진 맞춤 과외의 결과가 아닐까 생각됩니다. 공부도 책도 기본을 무시하고 시험에 나오는 요점 중심으로 공부를 했겠지요. 앞뒤 문맥이 잘린 요점 위주로 공부를 했으니 당연히 흐름을 이해하기가 어렵겠지요. 내용 파악은 가장 기본적인 학습의 시작이니까요.

이런 결과가 빚어진 것은 스스로 읽고, 이해하고, 사고하는 기본적인 독서 훈련이 결여됐기 때문입니다. 또한 중·고교생이 된 후 이런 문제를 극복하기는 상당히 어렵습니다. 몇 배의 노력이 더 들어가지요. 그래서 독서습관은 어릴 때부터 길러 주어야 하는 것입니다.

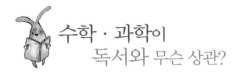

수학·과학이 독서와 무슨 상관?

책 읽기는 능동적인 행동입니다. 어떤 책의 내용을 아는 것이 전부는 아니지요. 스스로 읽어서 내용의 긴밀한 관계들을 파악할 수 있어야 합니다. 줄거리를 요약해 주는 것은 내용을 아는 데는 도움이 되겠지만 스스로 파악하는 능력을 키워 주지는 않아요. 논술 공부를 같이 하는 고등학생들이 주어진 제시문을 읽고 논지를 찾거나, 주제를 찾아 요약하는 일에 서툰 것도 이와 무관하지 않지요. 언제까지 따라다니며 "이런 말이야, 이런 내용이야" 할 수는 없잖아요. 지금이라도 관심 분야의 책을 파악해서 쉬운 책부터라도 읽게 해 주는 것이 효과적입니다. 문제는 어떤 책에 흥미가 있는지도 모른다는 것이지요.

독서는 공부와 밀접한 관련이 있습니다. 그걸 모르거나 부정하는 사람은 없겠지요. 강백향·안현숙·이해연·이현신 선생님과 함께 쓴 필자의 《초등 공부 독서가 전부다》는 바로 독서가 지닌 학습 효과를 지적한 책이었습니다. 다양한 현장 경험을 바탕으로 책을 꾸준하게 안내하고 읽혔더니, 책 읽는 아이들의 공부 능력이 더 향상됐다는 내용입니다.

독서와 공부의 밀접한 관계를 증명해 주는 연구 결과가 아주 많습니다. 독서를 하면 단어와 사물의 관계를 이해하고, 낱말의 표층적 의미뿐만이 아니라 심층적 의미까지 파악할 수 있기 때문입니다. 이렇게 나열하면 끝도 없으니, 뒷부분에서 더 풀어 나가도록 하지요.

중2 때부터 수학 정석을 재미있게 공부한 한 학생이 있습니다. 서점에 가서 정석 책을 보고 한 번 휙 넘겨 훑어보더니 사 달라고 하더랍니다. 어머니는 혹시나 하면서도 아이가 간절하게 사 달라고 하니 사 줬습니다. 집에 와서 풀어 보고 또 풀어 보고 하면서 너무 재미있어 하더래요. 그 뒤 수학, 과학 성적이 몰라보게 좋아져 고등학교에 들어가서도 두 과목 모두 1등급을 유지하고 있다고 하는군요.

그런 그 학생에게 한 가지 걱정이 있습니다. 국어 성적이 너무도 형편없는 겁니다. 시험을 보고 나면 늘 국어 때문에 노이로제에 걸릴 지경이지요. 그런 현상은 점점 심해져 중3 때는 국어 시험만 보고 오면 한 시간씩 자기 방에 들어가 속상해했답니다. 고등학생이 되어 수능 모의고사를 보니 언어 탐구 영역과 사회과 탐구 영역에서 점수가 턱없이 낮게 나왔습니다. 이 학생은 너무나 좌절해 몇 시간 동안이나 속상해했답니다. 부모님은 도움을 주고자 국어 과외도 시켜 보았지만, 지금까지 잘 안 된다고 하네요.

그 학생은 걱정이 또 생겼습니다. 이제는 서술형·논술형 문제가 출제되고, 수학 문제도 과학 문제도 문장제로 바뀌면서 이러다 수학과 과학도 못하는 것 아니냐는 거지요. 이런 아들의 모습을 지켜봐야 하는 어머니의 속은 당연히 새까맣게 타들어갔지요. TV 프로그램도 다큐멘터리는 보지만 드라마는 못 보는 고등학생! 그 어머니 말씀이, 어머니 자신이 신병으로 고생을 하는 바람에 어려서 책을 읽어 주지 못했다는 거예요. 지금 부모님께서 아이와 함께 공부하고 있는데 같이 공부하며 설명해 주면 알겠다고 하다가도 혼자 읽으라면 방금 본 내용도 처음 보는 것 같다며 어려워한답니다.

오프라 윈프리와 빌 게이츠

독서를 통해 인생이 바뀐 사례 몇 가지를 소개할까 합니다. 미국의 대표적인 여성 방송인 오프라 윈프리를 아시지요? 그녀야말로 독서를 통해 자신의 삶을, 나아가 미국인의 평균적 삶의 지평을 확대시킨 인물입니다.

그녀는 1954년 1월 29일, 미국 남부 미시시피주 코스키우스코에서 18세의 가정부 출신 미혼모 엄마에게서 태어났습니다. 많은 흑인들이 겪은 그런 불행이 그녀를 피해 가지는 않았죠. 주변의 성적 학대와 괴롭힘 속에서 14세에 첫 아이를 출산해 미혼모가 됐고, 2주 후 그 아이가 죽는 것을 목격해야 했습니다. 20대에는 마약에 손을 대기도 했으며, 체중이 100kg에 이르렀습니다. 그런 그녀가 지금은 어떻게 사냐고요?

2004년 8월 27일, 유엔으로부터 '올해의 세계 지도자상' 수상자로 선정됐으며, 미국의 시사 주간지 〈타임〉도 '2004년 세계에서 가장 영향력 있는 인물 100인'의 한 사람으로 그녀를 꼽았습니다. 2003년

에는 미국의 경제 전문지 〈포브스〉가 선정하는 '억만장자' 에 뽑히는
가 하면, '세계 10대 여성', '세계 최고 비즈니스우먼' 등 화려한 수
식어가 늘 그녀를 따라다닙니다.

현재 52세인 그녀는 1986년부터 자신의 이름을 내걸고 시작한 TV
토크쇼 – '오프라 윈프리 쇼' 를 20년째 진행 중이지요. 미국 전역에서
3천만 명이 시청하고 있으며 전 세계 109개국에서 방송하는 프로그
램입니다. 그녀는 또 아프리카에 여성전문 교육 학교를 세워 아프리
카 여성의 지위를 개선하기 위해 헌신하고 있습니다.

도대체 그녀에게 어떤 일이 일어났던 것일까요?

그녀는 "독서가 내 인생을 바꿨다"고 주저 없이 답합니다. 그녀의
독서습관은 책과는 담을 쌓고 지냈던, 딸이 책 읽는 것조차 싫어했던,
그녀의 젊은 어머니 밑에서 시작됐습니다. 아홉 살이 되던 해 현관에
서 책을 읽고 있는 그녀에게 어머니는 문을 홱 열고 책을 잡아채며 비
웃는 말을 던집니다.

"이 책버러지야, 나가 버려! 넌 다른 애들보다 네가 퍽 잘났다고 생
각하는 모양이지?"

그녀는 고난을 통해 강해진 사람입니다. 자신이 낳은 어린 생명을
2주 만에 잃은 뒤 그녀는 자신의 뒤틀린 인생을 책 읽기를 통해 바로
잡기 시작했습니다. 일주일에 한 권씩 의무적으로 책을 읽고 그 책에
대한 보고서를 작성했습니다.

"도서관 카드를 소유하는 것을 마치 미국 시민권을 얻는 것처럼 생

각했다."

그녀의 자서전 작가는 그녀를 이렇게 기록하고 있지요. 그녀의 책 읽기는 실용적 목적을 가진 것이 아니었습니다.

한 언론과의 인터뷰에서 그녀는 이렇게 말했습니다.

"책을 통해 나는 인생에 가능성이 있다는 것과, 세상에 나처럼 사는 사람이 또 있다는 걸 알았다. 독서는 내게 희망을 줬다. 책은 내게 열려진 문과 같았다."

냄새 나는 가난, 흑인이기에 겪어야 하는 설움, 강간을 당하고 미혼모로서 자식을 잃었던 어둠과 단절의 시기에, 오프라 윈프리를 세상과 연결시켜 준 유일한 다리는 바로 책이었습니다. 책은 그녀에게 희망 그 자체였던 거죠.

그녀는 현재 "미국이 다시 책을 읽게 만들겠다"며 자신의 쇼에 한 달에 한 권씩 책을 권해 주는 북클럽을 시작해 지금도 계속하고 있습니다. 그녀는 20년 동안 단 한 번도 책을 읽지 않았다는 사람들로부터 편지를 받기도 했고, CNN 등 유수 언론은 "북클럽에 선정되는 것은 베스트셀러를 예약하는 지름길"이라고 잇달아 보도하는 등 그녀의 북클럽은 폭발적인 영향력을 발하고 있습니다. 모진 시련을 이겨낸 52세의 한 흑인 여성, 도대체 무엇이 그녀를 이런 모습으로 변화시킨 것일까요?

그녀의 답은 간단했습니다.

"책이 오늘의 나를 만들었다. 책을 통해 나는 미시시피의 농장 너

머에는 정복해야 할 큰 세상이 있다는 것을 알게 되었다."

세계 최고의 부자는 누구일까요?

이 사람은 현재 13년째 세계에서 가장 재산이 많은 사람 중 1위를 달리고 있습니다. 또한 이 사람은 세계에서 가장 존경 받는 기업인으로 손꼽힙니다. 짐작을 하셨겠지만 다름 아닌 마이크로소프트사의 빌 게이츠 회장입니다. 개인 재산만 해도 53조 원에 이르고 사회에 환원한 기부액만 해도 약 30조 원에 달한다고 합니다. 참으로 어마어마한 돈입니다. 그런데 세계 최고의 부자이자 존경 받는 기업인인 빌 게이츠의 성공 비결은 무엇일까요?

"오늘날 나를 있게 한 것은 어린 시절 우리 마을 도서관이었다."

세계 최고의 갑부, 최고의 존경 받는 기업인을 만든 것이 '어린 시절의 도서관' 이었다니요!

빌 게이츠는 소문난 독서광입니다. 내성적인 성격이지만 어릴 때부터 거의 마을 도서관에서 책에 파묻혀 살았답니다. 어린 시절부터 책에서 지식과 지혜를 배우고 미래에 세계를 제패할 수 있는 역량을 키워 나갔던 거지요. 그런 세월들이 오늘날 세계 IT계의 황제, 빌 게이츠를 만들었습니다. 타산지석이라는 말이 있지요. 빌 게이츠는 우리에게 100억 원의 재산을 모을 수 있고, 사람들로 하여금 존경을 받을 수 있는 가장 확실한 방법을 가르쳐 주고 있습니다.

한 방송 프로그램이 생각납니다.

"우리가 아무리 바빠도 빌 게이츠만큼 바쁠 이유는 없다. 그런 빌 게이츠가 독서광인 이유는 무늬만 바쁜 우리에게 시사하는 바가 크다."

"독서습관을 우리 아이들에게 물려주세요. 그것이 100억 원 상속보다 더 훌륭한 유산입니다."

빌 게이츠 어록 중에는 이런 말도 있지요.

"하버드 대학교의 수석 졸업장보다 책 읽는 습관이 더 중요하다."

아시아에서 가장 부자라고 알려진 홍콩의 재벌 리카싱도 특이한 사람입니다. "홍콩 사람이 1달러를 쓰면 그 돈에서 5센트는 리카싱의 주머니로 들어간다"고 말할 정도로 홍콩 경제에서 그가 차지하는 위상과 위력은 대단합니다. 물론 사회 환원 사업도 열심이지요. 리카싱은 중학교 중퇴 학력이지만 다양한 분야에서 해박한 지식과 유창한 영어 실력을 구사합니다. 그의 경제적 능력과 해박한 지식의 비밀은 다름 아닌 독서에서 나왔다고 모두가 인정합니다. 재벌이 된 지금도 매일 잠들기 전 30분 이상은 반드시 독서를 한다고 합니다.

세계를 움직이는 리더들의 공통점이 무엇인지 이제 아시겠죠? 바로 '독서광' 이라는 점입니다.

제2장

독서습관보다 빛나는 상속은 없다

책 읽어 주는 엄마의 목소리

영화 〈AI〉(감독 - 스티븐 스필버그, 2001)가 지금도 저의 뇌리에 선명하게 남아 있는 것은, 인간보다 완벽해 보이는 '데이빗'이라는 인공 인간의 애절한 자기 인정의 노력 때문이기도 하지만 또 다른 장면 때문입니다. 그것은 엄마가 냉동된 아들 '마틴'에게 책을 읽어 주는 장면이지요. 희귀병에 걸린 아들은 치료 방법을 찾아낼 때까지 캡슐 안에 기약도 없이 냉동 상태로 누워 있습니다. 그 기나긴 고독의 시간을 엄마는 정기적으로 찾아가 책을 읽어 주곤 합니다. 알아들을까 못 알아들을까 하는 고민은 그 어디에도 없지요. 이보다 더 선명한 책 읽는 풍경을 어디에서 볼 수 있을까요?

이 영화보다 더 오래전에 상영된 〈로렌조 오일〉(감독 - 조지 밀러, 1993)에서도 마찬가지의 광경을 볼 수 있어요. 로렌조는 신경중추가 차츰 기능을 잃어 가면서 전신 마비를 일으키고 끝내는 죽음에 이르게 되는 병을 앓고 있죠. 의사들은 이미 다 포기했고요. 아들은 식물 인간이 되어 죽음을 기다리며 누워 있지만, 로렌조의 아버지와 어머니는 끝까지 희망을 잃지 않았습니다. 아들 곁에서 책을 읽어 줄 때, 엄마는 분명히 로렌조가 책에 반응하고 있다는 것을 알 수 있었으니까요. 아들이 깨어났을 때 그 사실이 확인됩니다.

아이들에게 책을 읽어 주는 행위는 책 그 자체보다 책 읽어 주는 어머니의 '음성'이라는 물리적 교감 때문에 더 중요합니다. 어머니 모태 안에서 살과 피를 만들고, 내면이 만들어진 아이들이라 어머니의 목소리는 아이들에게 가장 친근하고, 편안하고, 아늑한 세계로 가는 통로임에 틀림없습니다. 어머니의 책 읽는 목소리가 기적을 일으킨 것은 비단 영화에서뿐만이 아닙니다.

《쿠슐라와 그림책 이야기》(도로시 버틀러 저, 김중철 역, 보림출판사)는 어린이 책 이론서로서 그림책이 어린이에게 미치는 영향을 의학적으로 밝혀 낸 책입니다. 대부분의 사람들은 우리 아이에게 책을 읽어 주면 좋은 영향을 미친다는 것을 느낌으로 알 뿐인데, 이 막연한 느낌을 의학적으로 밝혀 낸 거지요.

이 책의 주인공 쿠슐라는 염색체 이상으로 신체장애와 정신장애를 모두 지니고 태어난 아이입니다. 엄마도 정상, 아빠도 정상이지만 말이에요. 딸이 늘 칭얼대고 또래 아이들보다 성장이 느려서 병원을 찾아갔다가 쿠슐라에게 염색체 이상에 의한 장애가 있다는 사실을 알게 됩니다.

쿠슐라의 엄마는 쿠슐라가 칭얼대고 밤새 보채 잠 못 자는 괴로움을 달랠 방법으로 책을 읽어 주기 시작합니다. 그러다가 엄마는 놀라

운 사실을 발견합니다. 신기하게도 책을 읽어 주면 쿠슐라가 반응을
보이는 것이었어요. 집중하기도 하고 또 칭얼거림도 잠잠해지는 거예
요. 그래서 날마다 더 많은 책들을 읽어 주었지요. 엄마는 아이 성장
단계에 맞춰 150권의 그림책을 읽어 주었고, 쿠슐라가 네 살이 되자
지능도 높아지고, 성격도 낙천적으로 변해 갔지요. 여섯 살이 되자 정
상적인 아이들보다 언어능력이 앞서기 시작했습니다. 놀라운 일이지
요. 《쿠슐라와 그림책 이야기》에는 엄마가 아이에게 어떤 책을 어떻게
보여 주고 아이는 어떤 반응을 보였는지 그 과정 하나하나가 자세히
기록되어 있습니다.

다운증후군인 딸을 가진 어머님과 상담을 한 적이 있습니다. 그 어
머니도 어린 딸이 분명히 책에 반응을 보이는 것을 알고 계셨습니다.
그 어머니께 《쿠슐라와 그림책 이야기》를 권해 드렸습니다. 영화에서
처럼 아니 현실에서 그랬던 것처럼, 놀라운 기적이 엄마의 책 읽기 속
에 일어날 것을 믿으면서 말이에요.

책을 가까이하게 하는 첫 단계는 '책 읽어 주기'입니다. 아이에게
"책 읽어라"가 아니라, "엄마가 책 읽어 줄까?"라고 말하는 것이지요.
그리고 책 읽어 주기의 첫 단계는 '그림책 읽어 주기'입니다.

쉬운 책부터 시작하라

시원이 어머니는 시원이가 태어난 후 7~8개월 무렵부터 보리출판
사의 사물 그림책을 읽어 주었습니다. 보통 사물 그림책 하면 이야기
없이 사물에 대한 이름 하나 달랑 나오게 마련인데 이 그림책은 한 쪽
에는 사물이, 다른 한 쪽에는 이야기가 진행됩니다. 이렇게 구성하면,
아이의 눈은 그림에 고정되어 있지만 가슴과 귀에는 엄마의 낭랑한
책 읽는 목소리가 함박눈처럼 내리겠지요.

그 시리즈 중에 시원이가 제일 좋아한 그림책이 《냠냠 짭짭》입니
다. 한 쪽에는 딸기, 토마토, 수박, 참외 등등 과일이 나오고 다른 한
쪽에는 냠냠 짭짭! 오물오물! 아삭아삭! 등 음식을 먹을 때 나는 의성
어가 고개를 내밉니다. 쥐들이 등장해 과일을 하나씩 가져가는 장면
도 있고요.

어느 날 가끔 다녀가는 시원이의 이모가 재미있는 사실을 발견했
습니다.

"언니, 시원이는 딸기만 보면 냠냠 짭짭해."

시원이 어머니는 잘 몰랐는데 말이지요. 그 책에서 딸기가 나오는 장면의 의성어가 바로 책 제목과 같이 냠냠 짭짭이었던 것입니다. 시원이가 이 책을 아주 좋아해 수십 번도 더 읽어 주었다더군요. 시원이가 목욕을 할 때도 잠을 잘 때도 이 책을 놓지 않았답니다.

시원이는 글씨도 모르던, 아장아장 걷던 그 당시에 많은 책이 꽂힌 서점 서가의 사물 그림책 시리즈 중에서 이 책을 꼭 골라내어 사람들을 놀라게 했습니다. 목욕할 때마다 이 책을 보는 바람에 물에 젖은 적도 많았고, 그래서 몇 번을 더 사야 했습니다.

이 시리즈 중 민물고기가 나오는 책이 있습니다.

"미끌미끌 미꾸리 미꾸리는 길어 길면 뱀장어 뱀장어는 빨라 빠르면 피라미 피라미는 눈이 커 눈이 크면 송사리 송사리는 못생겼어 못생겼으면 모래무지 모래무지는 얼룩덜룩해 얼룩덜룩하면 쏘가리 쏘가리는 입이 커 입이 크면 메기 왕, 무섭지!"

이렇게 끝나는 단순한 내용이지요.

물론 이 책도 한 쪽에는 책에 나오는 물고기들이 세밀화로 그려져 있고 다른 한 쪽에는 글이 진행됩니다. 이 책을 즐겁게 읽으면 앞의 말이 저절로 이어집니다. 초등 1학년 과정에 나오는 민물고기를 공부할 때 많은 도움이 되지요. 물고기를 처음 보는 도시 아이들은 민물에 사는 물고기가 얼마나 신기하고 낯설까요? 그런데 어려서 즐겁게 부르고 즐겁게 읽었으니 잊힐 리도 없고 설령 잊는다 해도 무의식중에 되살아나 다른 아이들보다 민물고기 공부가 즐거울 것이 분명합니다.

그러면서 집에 돌아와 다시 한 번 이 책을 보게 될지도 모릅니다. 그 순간 아이들은 낮에 배운 지식을 확실하게 자기 것으로 만들게 됩니다.

우리 동네 정민이는 말을 늦게 배운 아이입니다. 엄마가 미용실을 해서 갓난아기 때는 고모 손에서 크다가 얼마 뒤부터 엄마 손에서 자랐습니다. 가게에 손님이 있을 때는 주로 혼자 있는 시간이 많았어요. 그래서인지 다섯 살이 되도록 말을 잘 하지 못해 엄마를 걱정시켰습니다. 또래 아이들과 어울리면서 겨우 말을 배우기 시작했죠.

그러다가 정민이 어머니는 정민이가 일곱 살 때부터 책을 열심히 사 주고, 책도 읽어 주기 시작했답니다. 물론 계기가 있었답니다. 정민이가 혼자 우리 서점에 놀러 왔기에 《누가 내 머리에 똥 쌌어?》라는 책을 읽어 주었더니 너무나 좋아하더군요.

"누가 내 머리에 똥 쌌어? 누가 내 머리에 똥 쌌어?"

책이 재미있었던지 자꾸자꾸 이 말을 반복하면서 집으로 돌아갔습니다. 정민이는 미용실 문을 열고 밝은 목소리로 엄마에게 말을 걸었죠.

"누가 내 머리에 똥 쌌어?"

이 책을 알 리 없는 정민이 어머니는 화들짝 놀란 게 당연하고요.

"뭐? 이 녀석아, 누가 네 머리에 똥을 쌌다는 거니? 이상한 소리하고 있네."

"그런 게 있어요."

엄마의 나무람에도 정민이는 뭐가 그리 우스운지 싱글벙글 재미있어하며 자기 방으로 올라가더랍니다.

《누가 내 머리에 똥 쌌어?》는 어린이 책 중 베스트셀러로 손꼽힙니다. 1993년 출간된 이 책은 그동안 60만 부나 팔렸습니다. 똥 세례를 받은 두더지가 범인을 찾아가는 길에 여러 동물들을 만나는 단순한 이야기입니다. 그런데 만나는 동물들마다 자기가 범인이 아니라는 것을 증명하기 위해 직접 똥을 싸서 보여 주는데, 글쎄 그 똥의 모양새나 떨어지는 소리가 얼마나 다양한지 아이들이 매료될 만합니다. 더구나 그 또래 아이들이 재미있어하는 똥이 소재인데다 의성어와 의태어가 섞여 한층 더 재미가 보태집니다.

나중에 정민이의 이야기를 전해들은 저는 정민이 어머니에게 "그런 책이 있어요" 하면서 정민이가 그때 얼마나 뿌듯해했는지도 함께 말씀드렸죠. 정민이 어머니는 정민이에게 너무 미안해했고 그 다음부터 열심히 책을 사서 읽어 주기 시작했지요. 이제는 엄마랑 정민이가 같은 책을 읽으니 다시는 이런 해프닝은 없겠죠?

한 번은 정민이네서 키우던 자라를 물에 놔 주기로 했나 봐요.

엄마가 걱정이 돼서 물었어요.

"자라가 잘 살 수 있을까?"

의젓한 정민이의 대답이 돌아왔죠.

"엄마, 자연은 자연이 알아서 하겠죠! 잘 살 거예요."

"어떻게 알아?"

"《잭과 못된 나무》에 나왔어요."

하며 어깨를 으쓱하더랍니다.

또 한 번은 '퀴즈 탐험 신비의 세계' 프로를 아빠랑 함께 보는데 '사막의 선인장에 살고 있는 동물은?' 하는 질문이 던져졌습니다. 정민이가 소리를 질렀어요.

"올빼미!"

"선인장에 어떻게 올빼미가 살 수 있니?"

그러나 그날 아빠도, 패널들도 못 맞힌 문제였지만 정민이는 답을 맞힐 수 있었지요. 엄마, 아빠는 그런 정민이가 신기하기만 했습니다.

정민이가 좋아하는 책 《선인장 호텔》이 비밀의 열쇠였어요. 미국 남부 사막과 멕시코 북부 사막에 살고 있는 '사구아로 선인장'의 생태를 보여 주고 그 선인장에 깃들어 살고 있는 동물들이 누구누구인지 아주 잘 보여 준 책이거든요. '사구아로 선인장'은 키가 20미터나 자라고 수명은 200년 정도라고 하니 정말 대단한 선인장이지요?

재미가 습관을 만든다

준선이는 3세 무렵 한림출판사의 아기 그림책 시리즈를 아주 좋아했습니다. 《구두구두 걸어라》《손이 나왔네》《달님 안녕》등의 그림책을 즐겨 보았지요. 세 살 무렵이니까 '읽는 것'이 아니라 '보는 것'이란 표현이 더 정확하겠군요.

《구두구두 걸어라》는 아장아장 걷는 아기의 서툰 발걸음을 의인화한 그림책으로, 이제 막 걸음을 내딛는 아기의 즐거운 나들이가 잘 나타나 있는 그림책입니다. 구두 하나로 비틀거리는 모습도, 발걸음도, 구두를 신는 모습도 모두 나타냈습니다. 짧은 글과 단순한 그림이었는데도 아이에게는 강하게 인식됩니다. 소리 내어 읽어 보면 소리도 굉장히 경쾌하지요.

"구두 구두 걸어라. 어서 어서 걸어라. 발끝을 세워 톡톡톡!"

아이가 처음 신발을 신을 때 잘 안 들어가면 이 문장을 그대로 가져와 노래하듯 말합니다. 그러면 아이도 발끝을 세워 '톡톡톡' 말하며 신발을 신는 거예요. 그러면 신기하게도 신발 속으로 발이 쏙 들어감니다. 그러면 책 속의 구두처럼 즐거운 나들이가 시작되는 것이지요. 돌아오면 책 속의 구두처럼 신발을 나란히 놓아둡니다.

《손이 나왔네》를 보면서 신체에 대한 이름을 배울 수 있습니다. 혼자서 옷 입는 과정을 통해 아기에게 신체 구조를 자연스럽게 가르쳐 주는 생활 그림책이라 쉽게 따라 하지요. 그냥 손을 보면서 손! 손! 손! 하고, 발을 보면서 발! 발! 발! 하고 알려 줄 수도 있지만 그렇게 하면 별로 재미가 없잖아요. 아기가 애를 쓰며 이리저리 옷을 꿰면 차례차례 손, 머리, 얼굴, 발이 나옵니다. 이 과정을 같이 보면서 아이도 신체 이름을 익힙니다. 또 옷을 입히며 "머리가 쏙! 나왔네", "손이 쑥! 나왔네", "발이 쑥! 나왔네" 하고 말을 해 주면 까르륵 까르륵 웃기도 합니다. 옷 입기 자체도 즐거운 놀이처럼 하면서 신체 언어를 익히는 재미가 쏠쏠하지요.

《달님 안녕》은 밤에 달님이 점점 환하게 떠오르다가 구름에 가려지고 다시 달님이 모습을 드러내는, 늘 볼 수 있는 현상을 의인화해 섬세하게 표현한 책입니다. 간결하고 생생한 문장과 단순하고 선명한 그림(짙은 감색 바탕에 노란 달님, 깜깜한 검정)이 눈에 띄지요. 이 책을 아이에게 읽어 주었더니 달님의 상태에 따라 아이의 표정도 바뀌어 가더군요. 처음에는 환하게 시작하다가 구름 아저씨가 앞을 가려 울상이 되는 달님 표정이 등장하는 대목에서는 아이의 표정도 함께 일그러집니다. 그러다 구름 아저씨가 미안하다고 사과하면서 멀어져 가면 달님은 다시 환해지고, 그러면 아이의 얼굴도 밝아지는 거예요.

이 책은 서점의 꼬마 손님이었던 은주도 꽤나 좋아했던 책이었습니다. 은주는 아마 이 책을 수백 번도 더 보았을 거예요. 은주가 책이 닳도록 많이 보았고 어느 정도 컸다고 생각한 은주 어머니는 이웃집에 이 책을 빌려 주었습니다. 책을 빌려 준 것이야 잘한 일이지만, 은주가 책이 없어졌다고 그렇게 울고불고 할지는 전혀 몰랐던 게 문제라면 문제였지요. 이모네 집에 갔다 돌아온 은주는 오자마자 책이 없어진 걸 알아차리고 그 책을 찾느라 난리법석을 피웠습니다. 은주는 아빠를 유별나게 좋아하는데 그날 저녁 귀가한 아빠는 쳐다보지도 않은 채 그 책만 계속 찾았답니다. 할 수 없이 오빠를 시켜 이웃집에 가서 다시 찾아와서야 은주를 달랠 수 있었지요. 은주는 《달님 안녕》이 오빠 손에 들려 들어오자 너무나 반가워하면서 아빠보다 책이 더 좋다고 말해 아빠를 서운케 했답니다.

원하면 끝까지 읽어 주라

아이가 어느 정도 자라 한글을 알게 되거나 초등학교에 입학하게 되면 부모님들은 아이가 갑자기 다 컸다고 생각하는지 더 이상 책을 읽어 주지 않습니다. 책도 글이 많은 책을 읽으라고 강요 아닌 강요를 하기 시작하고요. 이때부터 아이들은 기로에 섭니다. 책 읽기가 더 이상 재미난 일이 아니라 숙제 같은 것이라 여겨 멀리하게 되는 것이죠. 어제까지는 친절하게 책을 읽어 주던 부모님이 이제는 한글을 안다는 이유로, 초등학생이 되었다는 이유로 책을 읽어 주지 않으려는 것이 근본 원인입니다.

책을 읽어 준다는 것은 자녀에게 잘 들을 수 있는 귀를 만들어 주는 것입니다. 잘 듣는다는 것은 공부를 잘할 수 있는 집중력과 이해력을 키워 주는 것이지요. 우리나라 학교 수업은 대부분 선생님이 설명하고 아이들은 듣는 방식입니다. 조금 단순화한 감은 있지만, 그래서 듣기가 안 되는 아이들이 공부를 잘 하는 경우는 찾아보기 어렵습니다. 잘 알아듣지 못하니 공부 시간이 지루할 수밖에 없겠지요. 그러니 딴

짓을 하거나 자거나 합니다. 선생님께 걸려서 혼나고 이런 일이 반복되면 어느새 문제아로 찍히게 되는 거죠. 이것은 아이의 잘못이 아니라 어려서부터 잘 듣는 훈련을 시키지 않은 부모의 잘못입니다.

듣기 교육이 중요하다고 너도나도 입을 모으긴 하지만 듣기 훈련을 따로 시킬 만한 뾰족한 방법도 없습니다. 듣기 교육의 왕도는 없습니다. 꾸준하게 책을 읽어 주어 자연스레 잘 듣게 하면 됩니다. 책을 읽어 준다는 것은 단순히 책 내용을 그대로 훑어주는 일이 아니란 것쯤은 잘 아시지요? 동심의 세계로 돌아가 눈빛을 반짝이면서, 아이들이 내용에 몰입할 수 있도록 연극배우가 되기도 하고, 실제 이야기 속의 인물이 되어 그들의 음성으로 아이에게 다가가야 합니다. 이 과정은 매우 중요하므로 강조할 필요가 있는데요. 아이들에겐 책 읽어 주는 엄마나 아빠가 이야기 속의 등장인물로 다가오고, 구체적인 비유 대상으로 느껴짐으로써 이해력과 함께 몰입에서 오는 집중력이 자연스레 향상되기 때문입니다.

《메밀꽃 필 무렵》의 서정 작가 이효석의 회고담에 보면, 책 읽어 주기의 묘미를 보여 주는 대목이 있습니다. 어린 시절 어머니 무릎을 베고 누우면, 어머니는 낭랑한 목소리로 이야기책을 읽어 주시곤 했답니다. 어머니의 목소리에 흠뻑 취해 자란 이 작가가 당시 경기고보를 거쳐 경성제대에 들어간 일은 단순히 그의 명민함 때문만은 아니었을 것입니다. 이효석만 그런 것이 아니라 많은 한국 근대 작가들이 글을 쓰게 된 깊은 동기에 어린 시절 어머니의 책 읽어 주는 모습이 자리하

고 있다는 것은 놀라운 일이 아니라 당연한 결과겠지요?

선생님께 자주 혼나는 아이가 있었는데 나중에 청력을 검사해 보니 귀에 문제가 있었습니다. 귀가 나빠서 못 듣는 경우는 치료나 수술로 해결하면 되겠지만, 이해하지 못해 알아듣지 못한다면 잘 들을 수 있도록 해 주는 것이 옳은 처방입니다.

그럼 언제까지 읽어 주어야 하는지 궁금하시겠지요? 정답은 없습니다. 자녀가 원하고, 조건이 되면 언제까지고 좋습니다. 5학년이면 어떻고 6학년이면 어떤가요? 책을 읽어 주고 책을 즐겨 듣는 것 그 자체가 돈 안 들이고 여유롭게 하는 정신의 사치입니다. 이 정도의 사치는 행복한 사치가 아닐까 싶습니다.

유치부 이후에는 그림책과 동화책을 섞어서 읽어 주면 좋아요. 독서 단계가 동화로 넘어가는 단계로 스스로 읽는 것을 어려워해도 읽어 주는 것은 들을 수 있기 때문에 한 단계를 쉽게 넘어가게 해 주는 효과도 있지요. 단편이든 장편이든 다 좋아요. 단, 그림책에서 단편으로, 단편에서 중편으로, 중편에서 장편으로 서서히 독서 단계를 옮겨 가는 것이 효과적입니다.

단편은 간결하고 짧아서 좋지요. 중편이나 장편을 선택해 읽어 주면 한 번에 다 읽어 주지 못해도 뒷부분이 궁금한 아이들이 스스로 읽기도 하므로 다음 단계로 자연스레 진행할 수 있습니다. 이렇게 하면 책 읽기의 고비인 그림책에서 단편으로 넘어가기, 단편에서 중편으로 넘어가기, 중편에서 장편으로 넘어가기가 비교적 수월해지죠. 그냥 쉽고 자연스레 넘어가는 아이들도 있지만, 이 고비를 못 넘기고 책에서 멀어지는 아이들도 많기 때문에 고비를 잘 넘길 수 있도록 도와줘야 합니다.

부모는 인내심을 가진 코치

일관성을 갖고 부모나 자녀의 소신을 키워 가는 일은 참으로 어렵습니다. 남들과 비교하기 때문이지요. 초등학교까지만 해도 책을 많이 읽으라고 말씀하시지만, 중학생이 되고, 고등학교에 들어가면 더 많은 학원 공부를 해 주길 기대하고, 또 그런 환경을 만들어 줍니다. 독서가 교육에 중요하다는 것을 알면서도 학년이 오를수록 '이거, 책만 읽어서는 부족하지 않을까?' 하는 의구심이 자꾸 들면서 조바심을 내게 됩니다.

분당에 사시는 분의 이야기입니다. 이분의 큰아들은 초등 시절 책도 많이 읽고 글도 잘 썼던 아이입니다. 중학생이 되었는데도 아이는 다른 공부보다 책 읽는 걸 더 즐기고, 거기에 시간을 많이 할애했죠. 한편으로는 책을 많이 보니까 대견했지만 걱정도 됩니다. 같이 책을 읽던 아이들이 하나 둘 영어, 수학 학원으로 돌기 시작하자 어머니는 '공부의 기초는 독서'라는 자신의 소신이 잘못된 것일 수도 있다는 생각을 합니다. 서서히 책만 읽으려 드는 아들이 못내 못마땅했고, 학년이 올라갈수록 영어, 수학 점수가 기대한 것만큼 잘 나오지 않자 입술이 바짝바짝 타기 시작합니다. 이러다가 '혹시' 하는 불안한 생각이 하루에도 수십 번 들었겠지요. 성화가 시작됩니다.

"책 보는 시간에 영어, 수학 공부 좀 더 하면 안 되겠니?"

아이의 눈이 동그랗게 커집니다.

'언제는 책을 많이 읽으라고 해 놓고 왜 이러시나?'

자, 이제 아이는 선택을 하게 됩니다. 아니, 선택할 수밖에 없는 상황이 된 것이죠. 남들처럼 학원에 보내고, 개인과외도 시키고, 남들이 하는 건 모두 따라 했지만 결과는 좋지 않았죠. 책을 통해 자기 세계를 만들어 나가던 그 아이는 갑자기 바뀐 환경에 질려 버린 것이지요.

독서하는 아이에게는 코치가 필요합니다. 독서는 어린이 시절 혹은 중·고등학교 시절에 유행처럼, 아니면 의무로 하는 행위가 아니기 때문에 '습관'을 길들여 주는 코치의 존재가 매우 중요합니다. 어머니나 아버지가 가장 훌륭한 코치가 될 수 있는 것은 바로 '습관'의 형성에 중요한 역할을 할 수 있기 때문입니다.

아이들은 책을 읽어 주는 부모님의 평화로운 목소리 안에서 감정의 교감에 흠뻑 젖으면서 자랍니다. 험난한 여정을 이겨 나가는 지혜와 용기, 약자에 대한 따스한 배려, 잘못을 인정할 줄 아는 정직과 같은 것을 하나 둘 배우는 것이지요. 아이들 자신의 자아실현과 균형적인 지적 성숙, 그리고 그 과정 하나하나에 집중할 수 있는 환경과 조건 속에서 지낼 수 있도록 하는 것이 바로 코치가 해야 할 일입니다.

아이의 말을 잘 들어 주고, 아이에게 가장 잘 맞는 방법을 찾을 수 있도록 안내하고, 이 신비에 가득 찬 세계의 비밀을 엿볼 수 있는 호기심을 길러 주고, 적절하게 규율하고 보상해 주는 체계를 세우고, 아이들과 믿음을 공유하는 자기 관리를 끊임없이 해 나가는 것이 코치로서 부모님의 역할입니다.

그런데 코치는 아이들에게 '잔소리꾼'으로 비쳐지지 않아야 합니다. 우리 엄마는 잔소리꾼이라는 생각을 갖게 되는 순간부터 더 이상 아이들을 제대로 코치할 수 없을 테니까요. 아이들이 읽고 싶어 하는 책, 책 읽는 시간과 책 읽는 양 등 아이의 행동 스타일을 그대로 인정하는 것이 중요합니다. 아이 스스로 계획하고 실천할 수 있도록 적절한 거리를 유지하는 것이지요.

책을 읽고 독후 활동을 안내하더라도 눈여겨볼 대목은 무엇이 효과적이고, 무엇이 효과적이지 않는가, 어떤 글을 썼는가, 다음에는 어떤 방식으로 표현할까? 하는 것입니다. 당장의 독후 활동이나 읽고 있는 책의 수준 등 눈앞에 '보이는 것'에 너무 집착해서는 곤란하죠. 책 읽기는 아주 느린, 서서히 진행되는 변화이므로 지금 당장의 효용성에 눈높이를 맞추면 안 됩니다. 변화를 천천히 지켜보고 안내하는 것, 그러니까 이 과정을 통해 부모님도 새롭게 거듭나는 셈이지요. 서서히 일어나는 변화라 해도 그 결과는 강력하고 오랫동안 끊임없이 지속되는 큰 힘이 됩니다.

사 주지 못하면 빌려서라도 주라

책을 가까이하게 하려면 책을 지속적으로 공급해 주는 것이 중요합니다.

어떤 엄마는 책은 사 주지 않으면서 말로만 책을 많이 읽으라고 합니다. 아이가 책을 사 달라고 하면 타박이 먼저 나오기도 하고요.

"집에 있는 책도 많은데 그것도 안 읽으면서 왜 책을 또 사 달라는 거니?"

그러면서 엄마 자신은 옷장에 옷이 가득한데도 또 옷을 사러 갑니다.

남편이 한마디 거들죠.

"옷장에 옷이 저렇게 많은데 무슨 옷을 또……."

"아유, 입을 옷이 있어야지."

유치원에 다니거나 그보다 더 어릴 때는 책을 참 많이도 사 줍니다. 만만찮은 가격의 전집이나 시리즈물을 빼곡하게 꽂아 놓고 왜 안 읽느냐고 성화를 부립니다. 옷가지를 잔뜩 사 놓고 골고루 안 입는다거나 음식을 잔뜩 해 놓고 왜 골고루 안 먹느냐고 하는 것과 같지요. 책을 읽는다는 것은 일회적인 일이 아닌데도 말이에요. 아이가 자라면 그때그때 사 주어야 하는 옷처럼, 날마다 새로운 음식을 해 주어야 하는 것처럼 생각하면 쉬워요.

나중에 우연히 친구가 읽는 책이 재미있어 보인다든지, 학교에서 읽어 보라고 권장을 한다든지, 마침 그 책 읽는 게 유행이 된다든지 등 어찌어찌해서 책을 읽을 마음이 생겨 아이가 책을 사 달라고 할 때가 있을 겁니다. 무심결에 이렇게 내뱉진 않으시나요?

"있는 책이나 다 읽어라."

"책을 사 줘도 안 읽으니 소용없다."

그래 놓고는 다른 엄마들에게 넋두리를 쏟아낸 적은 없나요?

"우리 애는 책을 안 읽어서 큰일이에요."

어른들도 옷을 사 놓기만 하고 입지 않는 일이 허다합니다. 이유야 많겠지요. 맘에 안 들어서, 혹은 계절이 지나서, 입기 싫어서, 유행이 지나서…… 정말 갖가지잖아요. 음식을 만들어 놓고도 맛이 없어서, 먹기 싫어서, 혹은 상해서 안 먹고 그냥 버리지요. 책도 마찬가지예요. 옷도 그 나이에 맞게 때마다 갖추어 입혀야 하는 것처럼 책도 그 나이에 맞게 사 줘야 합니다.

요즘은 큰 도서관은 물론이고 동네 동사무소 등 무료로 책을 빌려 주는 곳도 참 많습니다. 도서관 가까이에 사는 것도 아이에겐 큰 복이랍니다. 아이들의 독서 연령이 똑같지는 않지만, 표준 나이에 맞게 책을 선정해서 집에까지 갖다 주는 책 대여점도 있지요. 책 선정 기준도 상당히 체계화되어 있고 보유한 책들도 훌륭해 일일이 책을 사 주지 못할 경우 이용하면 아주 효과적이죠.

특히 시간이 많지 않은 맞벌이 부부들은 아이들에게 매일 책을 읽어 주고, 도서관이나 서점에 데려가기가 쉽지 않습니다. 이럴 경우 도서대여 시스템을 활용하는 것이 상당히 유용한 방법입니다. 그래도 주말엔 아이들에게 직접 책을 읽어 주는 게 좋겠죠.

옷도 표준치가 있지만 자녀가 작으면 한 치수 작게, 자녀가 크면 한 치수 크게 골라 입힙니다. 자녀의 독서 나이를 알면 – 독서 나이는 아이마다 다릅니다. 새 학년이 되었다고 독서 나이도 자연히 한 살 더 먹는 그런 나이가 아닙니다. 책에 공을 많이 들인 아이와 그렇지 않은 아이는 분명 차이가 있습니다. – 거기에 맞춰 책을 주문해 읽게 하면 됩니다. 다 못 읽는다 해도 이런 책이 있구나 하는 정보는 얻을 수 있으니까요.

책을 다 읽으면 좋겠지만 책 겉표지를 보는 것만으로도 책과 익숙해질 수 있으니 이것도 소득이라면 소득이지요. 책과 가까이하는 것이 독서습관의 첫걸음입니다. 대여 받은 책을 읽게 한 후 좋아하는 책은 다 읽었더라도 사 주는 게 좋습니다. 아이들은 자신이 좋아하는 책은 읽고 또 읽습니다. 이런 모습은 어릴수록 더 뚜렷합니다. 고학년 아이라도 자기 맘에 쏙 들어 하면 사 주는 게 좋아요. 책을 한 번만 읽고 책꽂이에 꽂아 두었다 해도 심리적인 복습 효과를 준다니 놀랍지 않습니까?

거실을 서재로

강백향 선생님네는 거실을 온통 서재로 꾸며 놓았답니다. TV가 사라진 자리에 책이 놓였고, 가족들도 이러한 변화를 싫어하지 않았지요. 선생님은 저의 오랜 지인입니다. 동화 읽는 어른 모임인 '해님달님'에서 함께 활동했던 인연을 계기로 저희 어린이 전문 서점에서 '동화 읽는 교사 모임'도 함께했지요. 저희 모임 회원들과 더불어 《초등 공부 독서가 전부다》라는 책을 내기도 했고 선생님 혼자 책을 내기도 했습니다.(《현명한 부모는 초등 1학년 시작부터 다르다》, 꿈틀, 2006)

강 선생님은 초등학교에서 아이들을 가르치고 있습니다. 모임을 시작할 당시는 둘째를 낳고 휴직을 하고 있을 때였죠. 학교 현장에서 아이들 독서 지도를 제대로 하려면 선생님부터 책을 알아야겠다 싶어 모임을 시작하게 되었고 복직을 하면서 그 당시 다른 휴직 선생님들과 교사 모임을 따로 꾸리게 되었습니다.

선생님은 오래전에 이미 거실을 서재로 꾸몄어요. 거의 대한민국 1호가 아닐까 싶군요. 거실 한가운데는 큼직한 원형 테이블이 떡하니

자리 잡고 있습니다. 책이 너무 많아 책꽂이에 다 꽂을 수도 없네요. 출판사 여기저기서 서평을 부탁하며 보내 주는 책도 많지만 선생님이나 남편, 아이들까지 책 사는 게 취미이기 때문이죠. 늘 새로운 책을 제공해 주니 아이들이 책을 좋아할 수밖에 없습니다.

큰아이 환훈이는 지금 외고에 다니고 있어요. 초등학생 때부터 독서논술을 가르쳐 왔는데, 확실히 사고의 폭이 넓고 깊습니다. 문제 이해력과 분석력도 뛰어나고, 문장력도 좋고, 문제를 바라보는 시각과 관점도 다각적이죠. 초등학교 때부터 어떤 문제가 발생하면 늘 엄마와 대화로 해결해 온 아이입니다. 엄마와 티격태격할 때도 있지만 어려서부터 책 읽기로 쌓아 온 신뢰와 유대감의 끈이 그 정도의 문제로 무너지거나 끊어지지 않는다는 걸 분명하게 보여 주지요.

그런 환훈이가 학교에서 철학 독서 모임을 처음으로 꾸리기로 했습니다. '외고'라는 특성으로 본다면 의외의 시도였습니다.

"선생님, 무엇부터 해 나가면 좋을까요? 저희들 수준에서 읽을 수 있는 책들은 무엇인가요?"

궁금한 게 한둘이 아니었지요.

"아니, 벌써 그런 책을 읽는단 말이야?"

내심 놀랄 수밖에요.

TV가 없는 거실! 책을 읽는 엄마, 아빠의 모습이 아이를 어떻게 만들지는 환훈이네를 보면 쉽게 알 수 있습니다. 자, 거실을 둘러보세요. TV 치우기가 아직 어색하시죠? 마음의 문제입니다. 아이들에게 어떤 미래를 물려줄 것인가를 생각해 보면, 결단이 쉽지 않을까요? 거실을 서재로 바꾸는 것이 어렵다면 먼저 거실에 책을 두기 시작하는 겁니다. 쉬운 그림책부터 쌓아 두고 한 권 한 권 아이의 눈과 마음으로 읽기 시작해 보세요. 아이들의 미래가 보이시죠? 그게 출발점입니다. 엄마부터 먼저 읽어야 합니다!

엄마, 아빠와 함께 가는 서점 여행

"우리, 오늘 서점에 놀러 갈까?"

아이들은 어디든, 무엇이든 엄마와 함께하는 걸 좋아합니다. 그리고 아이에게 직접 책을 고르게 하는 게 아주 중요합니다. 서점 한 귀퉁이에 혹은 통로에 쪼그려 앉아 이리저리 지나가는 사람 피해 가며 열심히 책을 읽고 있는 아이 중에 내 아이가 끼어 있다면 참 뿌듯하시겠죠? 서점에 갈 때마다 책을 다 살 순 없잖아요.

교보나 영풍 같은 대형 서점에 가 보면 자주 보는 풍경 중의 하나가 고사리 같은 아이 손을 잡고 유아 코너 구석에 앉아 책장을 넘기는 엄마들의 모습입니다. 참 보기 좋은 광경입니다. 그렇지만 딱한 경우도 제법 있답니다. 서가 코너에 가면 엄마들은 어느 때보다 마음이 바빠집니다. 외국어 코너며 예술 코너며 아이 손이 빠지게 잡아당기며 날아다닙니다. 이러면 함께 서점에 가는 의미가 사라지지요. 아이에게 서점은 더 이상 즐거운 장소가 아닌 거죠.

아이가 원하는 코너에서 출발하는 것이 좋겠지요. 그림책 코너에서 여행을 시작해 보는 것은 어떨까요? 그러려면 사전 준비가 필요합니다. 덥석 서점으로 아이를 끌고 나오면, 에너지도 많이 소모되고, 무엇보다 방대한 책들에 휘둘려 어디에 시선을 둬야 할지 모르게 됩니다.

같이 읽고 싶은 책, 추천해 주고 싶은 책에서 아이들과 먼저 교통정리를 해야 합니다. 배도 든든하게 채워 줘야 하고요. 대형 서점은 체력이 금방 소진하는 곳입니다. 우리 몸의 모든 감각기관을 열어 두고 있어야 하기 때문입니다. 책에 흥미가 없는 아이들은 더 쉽게 지치고 피곤해합니다. 사람들이 비교적 적은 오전 시간을 활용하거나, 점심 시간과 퇴근 시간 사이인 2~3시를 이용하면 여유 있게 둘러볼 수 있어요.

대형 서점도 좋지만, 아이를 데리고 자주 나오기가 힘들 경우 적절한 규모의 동네 서점도 괜찮아요. 피로도 덜하고, 서점 주인과 인사를 나누다 보면 최근의 정보를 쉽게 수집할 수 있죠. 어린이 전문 서점을 적극 활용하는 것도 아주 좋은 방법입니다. 그곳에는 아이들의 흥밋거리보다는 좋은 책들이 아이들의 눈높이에 맞추어져 있고 아기자기 예쁘게 꾸며져 있어요. 대형 서점처럼 번잡하지 않고 조용히 책을 고를 수 있고 가족적인 분위기가 최고 장점인 곳이니까요.

무엇을 새로 얻으려 하기보다는 그냥 보여 주고, 느끼게 하는 데서 시작하세요. 아이가 골라서 읽은 책은 반드시 메모해 뒀다가 엄마와 생각을 나누어야 합니다. 그 자리에서 함께 읽을 수 있는 환경이 되면 같이 읽는 것이 좋겠지요. 비슷한 책을 골라서 다른 관점이 있다는 것도 생각할 수 있게 안내하면 더 좋아요.

첫째 선물
학습 능력과 성적을 올려준다

자연스럽게 깨우치는 한글

엄마들의 조급증은 대개 아이에게 한글을 가르칠 때부터 나타납니다. 엄마는 아이가 한글을 깨우쳤다는 걸 자랑하고 싶어 아이가 돌만 지나도 한글을 가르치고 싶어 안달입니다. 어떤 엄마는 한글을 일찍 깨우치면 책을 혼자 많이 읽을 것이라고 생각해 서둘러 한글을 가르치려고 합니다.

한글을 배워 읽는 것은 의미를 읽는 것과 무관합니다. 우리가 영어에서 ABC를 배우고 파닉스를 배워 읽는다 해도 영어의 의미를 알지 못하는 것과 같이 한글의 자음, 모음과 그 조합에 의해 글을 읽는다 해도 그야말로 글자를 읽는 것에 지나지 않습니다.

우리 서점의 단골인 종규가 엄마 손을 꼭 잡고 서점에 들어서며 꼬마천사 같은 미소로 인사를 합니다.

"선생님, 안녕하세요?"

종규는 책을 읽어 주면 집중을 잘 하고 의미를 쉽게 알아채는 아이입니다. 종규에게 책 읽기는 놀이이며 즐거움이며 엄마와의 교감의 시간입니다. 네 살 때 책에 숨겨진 그림을 찾아내어 많은 엄마들을 놀라게도 했죠.

그런 종규에게도 곧 무엇인가를 배워야 한다는 숙제가 들이닥쳤습니다. 이웃 또래 친구들의 한글 배우기 바람이 종규 어머니를 불안하게 만든 것입니다. 책을 읽어 주면 또랑또랑한 눈동자로 하나하나 놓치지 않고 그림을 보며 이야기를 나누는 데 아무런 문제가 없었지만, 엄마에게는 다른 집 아이들이 한 글자 한 글자 짚어 가며 읽는 것만 못해 보였습니다. 어느 날 종규 어머니가 슬쩍 질문을 던졌습니다.

"선생님, 우리 종규에게 한글을 가르칠까 하는데 괜찮을까요?"

"지금 종규가 한글을 몰라 불편한 것이 있나요? 종규만큼 책을 잘 이해하고 즐겁게 보는 아이는 없는 것 같은데요."

"다른 선생님이 '얘는 네 살인데 아직도 한글을 안 가르치느냐, 그러면 늦는다'고 하던데요. 그러니까 괜히 불안해서……."

"종규는 책을 좋아하니까 그냥 두면 저절로 한글을 깨우칠 거예요. 왜 애 고생시키고 돈까지 들이면서 한글을 가르치려고 하세요?"

종규 어머니는 '그래도' 하는 못미더운 표정으로 돌아갔습니다. 걱정스러웠습니다. 종규 어머니의 선택이 궁금하기도 했고요. 얼마 후 종규 어머니가 그 예쁜 아이의 손을 잡고 서점 문을 열고 환한 얼굴로 들어섰습니다.

"종규가 글을 읽어요. 종규 아빠랑 저랑 혹시 외워서 읽나 싶어서

 제3장 독서는 생애 최고의 선물이다

다른 책을 줘 봤는데 그것도 읽어요. 괜히 애 고생시킬 뻔했어요."

종규 어머니는 웃음을 가득 머금은 얼굴이었습니다.

다빈이는 어려서부터 엄마가 책을 많이 읽어 준 아이입니다. 다섯 살쯤 되어 이제는 한글을 알아야 할 때라고 생각해 한글 교육을 시작했습니다. '어떻게 가르칠까?' 생각하다가 다빈이가 가장 좋아하는 책을 생각해 냈습니다. 다빈이는 떡을 무척 좋아합니다. 그래선지 좋아하는 책도 갖가지 떡이 나오는 《떡 잔치》였고요. 다빈이 어머니는 책에 나오는 떡 이름을 네모난 종이에 써서 거실 창에 붙여 놓았어요. 다빈이는 거실 창에 붙어 있는 떡 이름을 보고 읽으면서 자연스레 한글을 깨우치기 시작했습니다. 길거리를 걷다 간판이 나오면 반짝거리는 눈빛으로 한 글자 한 글자 읽어 냅니다.

"엄마, 무지개떡의 '무지개'야. 송편의 '송' 자야."

우리 아이는 《도깨비 방망이》를 좋아했습니다. 그 책을 보고 또 보았죠. 읽어 달라고 하면 언제든지 몇 번이고 읽어 주었지요. 그러던 어느 날 아이 혼자 책을 펴고 앉더니 책을 읽기 시작했습니다.

"옛날 어느 마을에……."

한 글자 한 글자를 읽는 것이 아니고 더듬거리지도 않고 그야말로 줄줄 책을 읽더군요.

"어머나! 너 지금 책 읽는 거야?"

너무나 신기해서 다른 쪽을 펴서 읽어 보라고 했습니다. 그랬더니
그 쪽도 줄줄 읽는 거예요. 외워서 하는 건가 싶어 또 다른 쪽을 펴 주
어도 역시 줄줄이 읽습니다. 아빠한테 얘기를 했더니 아빠도 신기해
서 읽어 보라고 시킵니다.

　"그래, 우리 준선이 한 번 읽어 봐."

　아빠 앞에서도 줄줄이 책을 읽는 아이가 얼마나 기특하고 대견하
던지, 정말 신기했습니다. 그때가 일곱 살 여름이었습니다. 이제 초등
학교에 입학해야 하는데 한글을 잘 몰라서 어떻게 하나 걱정하고 있
던 차에 저절로 한글을 깨쳤으니 얼마나 고마웠는지 모릅니다.

　스스로 한글을 깨우친 아이들에게는 공통점이 있습니다. 부모가
책을 많이 읽어 주었다는 겁니다. 책을 읽어 주면 책을 좋아하게 되고
또 책 속에 푹 빠져 책 내용뿐만 아니라 중심 흐름까지 제대로 이해하
게 되는 때가 꼭 옵니다. 무엇이든 꽉 차면 밖으로 터져 나올 수밖에
없나 봅니다. 여기서 부모의 역할이 얼마나 중요한지 아실 겁니다. 한
글자 한 글자 가르쳐 한글을 깨우칠 수도 있지만 책을 통해 배우는 것
보다는 재미가 덜합니다. 즐기면서 배우는 것, 이것이야말로 진정한
배움의 묘미이지요.

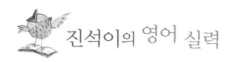

진석이의 영어 실력

진석이는 초등 2학년 때부터 만나 온 아이입니다. 어휘력이 뛰어나고 글 표현 솜씨도 뛰어납니다. 형 그룹에서 함께 공부를 하는데도 전혀 모자람이 없습니다. 그 삼형제가 다 똑똑한데 그중에서도 둘째인 진석이가 특별합니다.

진석이는 외국어에서도 두각을 나타냈습니다. 영어를 아주 잘해 초등 4학년 때 유명 어학원에서 테스트를 받는데 중3 레벨이라고 하더군요. 학교에서도 모든 면에서 뛰어났습니다. 공부면 공부, 운동이면 운동, 그림, 글쓰기 어느 것 하나 뒤지는 게 없지요. 진석이 어머니는 그런 아들이 무척 대견스러워 자랑을 합니다.

"젊은 여선생님들이 아이 낳으면 이름을 진석이라 지어야겠다고 하세요. 또 제가 학교에 가면 진석이가 무슨 공부를 어떻게 하는지도 자꾸 물으세요. 호호!"

보통 학교를 자녀가 같이 다니면 학교에서는 형을 먼저 알아보고 누구누구의 동생이라고 부르는데 이 집은 그게 아니라 동생이 워낙 유명해서 형을 보고 '진석이의 형'이라고 부를 정도이니, 형이 받는 스트레스가 여간이 아니겠지요?

진석이 어머니는 엄마들 모임 때문에 1주일에 한 번 서점에 들릅니다. 책을 아주 많이 구입하면서도 또 도서관에서 책을 빌려 읽히니 형제의 독서량은 꽤나 많습니다. 진석이 어머니는 영어 교육에도 관심이 많아서 국내 도서뿐 아니라 외국 도서도 많이 읽도록 안내하고 있지요. 책을 읽히는 것이 외국어를 자연스럽게 습득할 수 있는 길이라는 소신을 실천하고 있네요. 기회가 닿을 때마다 해외여행도 자주 다녀와 견문을 넓혀 주기도 하고요. 학교 공부 과정에 맞춰 국내의 역사 현장을 직접 가 미리 예습을 하기도 하고 사후에 보충을 충분히 해 주기도 합니다.

어머니 스스로가 공부에 대한 정보를 얻기 위해서 다방면으로 노력합니다. 여러 가지 강좌를 듣거나 모임을 꾸려 나가기도 합니다. 또한 공부만 강조하지 않고 이웃의 아이들과 같이 어울릴 수 있는 시간도 만들어 줍니다.

그래서인지 두 형제는 아주 반듯하게 성장하고 있습니다. 학교 공부에서도 두각을 드러내어 특목고를 목표로 열심히 공부하고 있지요. 세상에 공 없이 되는 일은 하나도 없습니다. 특히 자녀를 키우는 일은 더 그렇지요. 진석이 어머니가 열심히 노력하시니 두 아이의 미래도 눈부실 것 같습니다.

국어 공부를 잘 하는 아이는 대체로 외국어도 잘 합니다. 왜 그럴까

요? 고등학교 수능 영어 시험을 보면 문제들이 아찔하기만 합니다. 어법 문제도 일반적인 지문 속에 녹아들어 있고, 50문제 가운데 32문제 정도가 독해 문제인데, 이 가운데는 길이가 제법 긴 것도 있지요. 7차 교육과정 개편 이후 영어 시험이 많이 진보했다는 것이 관련 학계의 평가입니다. 이해력과 추론, 사고력을 요구하는 문제들이 대부분이기 때문에 언어의 심층적 의미까지 파악할 줄 아는 학생들의 영어 점수가 당연히 높게 나올 것입니다.

영어 단어 많이 외우는 게 능사가 아닙니다. 단어를 알고 어법을 이해해도 풀 수 없는 경우, 그것은 대개 '추론'의 문제이기 십상입니다. 함의 추론, 빈칸 추론, 글의 핵심 파악, 문단 요약, 글의 논리적 구성, 복합 문단, 장문 독해 등 학생들 앞에 펼쳐진 문제의 함정은 언어 영역의 공부가 밑바탕 되지 않고는 좀처럼 피할 수 없는 것들입니다. 그러니 무턱대고 영어 단어를 많이 외운다고 해결될 일이 아닙니다. 이런 문제 경향은 기본적으로 우리 말글에 대한 이해력과 분석력, 판단력과 추론력 등이 요구되는 언어 영역의 확장이라는 데 특징이 있습니다. 영어 동화책을 많이 읽은 아이들의 토플 토익 점수가 높은 것도 이 때문입니다.

영재 키우기

중학교 2학년인 지우는 학급 반장으로 뽑힐 만큼 똑똑하고 꼼꼼하며 성품이 따뜻한 아이입니다. 지우는 학원에 다니지 않지만 학교 성적도 우수하고 수학·과학 영재로 불립니다. 지우 어머니와 아버지는 인근에서 소문난 잉꼬부부랍니다. 지우를 학원에 보내지 않고도 수학·과학 영재로 키운 '실력자'가 바로 이들 부부입니다.

지우가 과외로 공부하는 것은 독서와 북 아트 만들기입니다. 공부할 때 보면 아주 꼼꼼하고 영특합니다. 한 자 한 자 정성 들여 쓰고는 읽고 또 읽어 봅니다. 생각도 아주 논리적이어서 논술 경시 대회에 나가 전국 상위권에 들기도 했지요. 학교 선생님도 지우를 보고 영재라고 합니다. 지우의 공부 비결은 무엇일까요?

지우는 오랫동안 독서 공부를 해 오면서 이해력의 바탕을 차곡차곡 쌓았습니다. 다양한 문제를 가지고 토론이나 글쓰기, 광고 만들기, 그림 그리기 등 여러 가지 독후 활동을 통해 사고력과 표현력을 키웠던 것이죠. 거기에 성실하고 꾸준한 아이의 성품이 더해져 영재 평가를 받게 된 경우입니다.

중3인 현진이는 과학 영재반에 들었습니다. 엄마가 '동화 읽는 엄마 모임'에 나가면서 어려서부터 책을 가까이하게 해 주었고, 그래서 책을 많이 읽은 편입니다.

현진이는 6학년 때부터 독서 교육을 받았습니다. 수업하러 집에 가 보면 언제나 바른 자세로 앉아 책을 읽습니다. 읽는 책도 아주 다양합니다. 수업을 할 때도 언제나 열심히 합니다. 중학교에 들어간 이후 지금까지 과학 영재반에서 활동하고 있습니다. 과학 영재반은 매년 일정한 테스트를 거쳐 과학 영재를 뽑곤 합니다. 실험 보고서를 쓰는 데도 책을 많이 읽고 글을 써 본 것이 많은 도움이 된 경우입니다. 특히 다양하고 지속적인 독서로 인해 논리력과 사고력이 집중적으로 발달하게 된 것이지요.

어떤 이는 우리나라에서 노벨과학상을 받지 못하는 것은 글 쓰는 능력이 부족하기 때문이라고 지적하기도 합니다. 우수한 인재들이 훌륭한 실험을 했다 해도 결국은 글로 정리해 내야 한다는 거죠. 세계 유수의 과학 학술지에 발표해야 하는데 좋은 글로 표현해 내지 못해서 노벨상을 받지 못한다는 지적인데요. 전혀 틀린 말은 아니라고 생각합니다. 결국 무엇을 하든 글은 표현의 방법이니 글이 잘 되지 않는다면 아무리 좋은 것이 있어도 사장되게 마련일 테지요. 글은 구슬을 엮는 실입니다. 구슬이 서 말이라도 꿰어야 보배라고 하지 않습니까? 구슬을 꿸 수 있는 실을 튼튼하게 잘 만들 수 있는 방법은 역시 독서입니다.

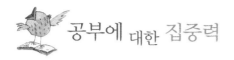

공부에 대한 집중력

동민이, 석민이 형제를 가르친 지 2년이 지났네요. 그 아이들의 어머니는 도서관 사서로 활동하고 있어 형제가 어려서부터 책을 많이 읽을 수 있도록 길 안내를 잘해 주었죠. 형인 동민이가 공부할 때 아는 것이 많기에 살짝 물었어요.

"동민이는 어쩜 그리 잘 아니?"

"저요, 동생한테 배웠어요. 석민이가 훨씬 잘해요. 책도 많이 보고 정말 아는 게 많아요."

"네가 더 대단하다. 그런 걸 인정하는 형이 더 대단한 거야."

정말 그렇게 인정할 줄 아는 동민이가 더 대견스러웠답니다.

넉넉한 성품이 돋보이는 동민이에게 한 가지 안타까운 것이 있었는데, 자신감 부족이었지요. 얼굴을 제대로 들지 못하고 말도 잘 안하고 언제나 조용한 편이었죠. 동민이 어머니와 통화를 하면 늘 부족한 면을 먼저 보시더군요.

"애가 좀 그래요. 2% 부족해요."

반면 석민이는 늘 씩씩하고 자신감이 넘칩니다. 언제나 책을 가까이합니다. 집에서도 공부하는 시간보다 책을 읽는 시간이 더 많으며, 학원에 가지 않는 시간에는 책을 손에서 놓지 않아요. 책의 종류를 가리지 않고 읽지만 그중에서도 특히 역사책을 좋아해서 친구들도 석민이가 꿰고 있는 풍부한 역사 지식에 혀를 내두를 정도입니다.

그러나 어머니는 둘째의 영민함과 씩씩한 모습에 사로잡혀서 큰아이의 넉넉함을 잘 모르시는 것 같았어요.

"동민이가 아주 잘해요."

동민이를 칭찬하는 말을 했더니 이런 대답이 돌아오더군요.

"무슨요. 석민이만 못해요."

한때는 동민이가 그렇게 자신 없어 하는 것이 부모님 탓인가 생각했습니다. 부모님의 부정적인 자아상에 영향을 받았나 하는 생각도 들었고요.

"동민이가 1등을 했다면서? 어유, 공부 잘 하네."

"꼴반 1등이에요."

동민이의 대답입니다. 동민이는 공부만 잘 하는 것이 아닙니다. 발표 수업 시간에도 자신의 생각을 조리 있게 잘 펼칩니다. 시사 문제에도 언제나 자신의 생각이 살아 있습니다. 이런 동민이를 보면 분명히 잘 하는데 '왜 자신감이 없을까?' 늘 의문이 들 수밖에 없었죠. 동민이 어머니와 통화할 때마다 부탁을 드렸습니다.

"동민이가 능력은 뛰어난데 자신감이 없으니 집에서 칭찬을 많이

해 주세요."

그런 동민이가 언제부턴가 주저리주저리 말을 하기 시작했습니다. 그것도 아주 많이! 그동안 말을 적게 했던 것은 사춘기라 그랬나 봅니다. 너무 낯을 가려 그랬나 보다 하고 동민이 어머니랑 전화 통화를 했습니다.

"어쩜 애가 그리 바르고 똑똑한지. 요즘은 말도 아주 잘해요."

그러자 어머니의 밝은 목소리가 이어집니다.

"집에서도 신경 많이 써요. 자꾸 잘한다 잘한다 그래요."

동민이는 지난 1학기 중간고사도 반에서 1등을 했습니다.

"야, 잘했네! 어쩜 그리 공부를 잘 하니? 이번 반도 꼴반이니?"

"아니요. 1등할 만한 점수였어요. 중학교 졸업하기 전에 전교 1등 한 번 해 봤으면 좋겠어요. 평상시에 열심히 공부하면 될 것도 같아요. 공부 시간에 잘 들으면 돼요. 전교 1등인 애가 국어에서 하나 틀렸는데 공부 시간에 선생님이 지나가는 말로 하신 내용이었더라고요. 그 애는 그걸 몰랐대요. 공부 시간에 잘 안 듣나 봐요."

이제 말도 제법 의젓하게 할 줄 압니다.

동민이가 공부 시간에 열심히 듣고 잘 아는 것은 듣는 귀가 열려 있다는 뜻입니다. 동민이는 이해력이 아주 좋고 사고력이 뛰어납니다. 자기 주도적으로 공부하면서 반에서 1등을 유지하고 있는 아이였습니다. 동민이의 책 읽기는 동생처럼 넓게 읽는 스타일은 아닙니다. 필요하다고 생각하는 책을 깊게 읽는 편이지요. 수업 시간에 열심히 듣고 스스로 공부하며 책도 아주 몰입해 읽고 있는 동민이가 곧 전교 1등을 하겠지만, 더 중요한 것은 책 읽기 습관을 통해 스스로 체득한 '공부에 집중하는 힘' 그것입니다. 독서에 집중함으로써 자기 자신과 대화하고, 그렇게 외부 세계와 대화하는 법, 듣는 법을 동민이가 이해했다는 사실이 어쩌면 그 아이 인생에서 정말 큰 축복이 아닐는지요?

중간고사 전에는 반기문 유엔 사무총장에 관한 책을 읽었다고 합니다.

"선생님, 반기문 그분요, 어쩜 그럴 수 있어요? 항상 공부를 잘 하셨대요. 공부하고 얼른 가서 마저 읽어야지."

이런 동민이를 보면서 문득 어느 철학 교수님의 말씀이 떠올랐습니다. 공부에는 두 가지 방법이 있는데, 하나는 넓게 많이 읽으며 하는 공부가 있고, 다른 하나는 한 권을 읽더라도 깊이 읽으며 생각을 많이 하는 공부가 있다는 내용입니다. 동민이는 후자에 속한 아이였습니다.

책 읽는 아이는 갈수록 빛을 발한다

수업을 하고 있는데 문밖에 인기척이 느껴집니다. 수업을 다 끝내고 나와 보니 정원이 어머니였습니다.

"요즘 정원이가 책을 안 읽어서요."

"네, 그런대로 수업은 잘 따라오던데요. 시험은 잘 보았대요?"

"국어, 영어, 수학 100점이래요. 사회하고 과학은 하나 틀리고, 한문하고 기술·가정은 망쳤다고 그러네요."

"어이구, 정원이 장하네요."

정원이는 우리 원에서 가장 개구쟁이 중학생입니다. 초등학교 저학년 때부터 다녔는데 어찌나 극성맞은지 선생님이 그 아이 수업이 있는 날은 스트레스를 엄청 받을 정도였습니다. 얼마 전에도 문제를 일으켜 눈치 콩밥을 먹고 있습니다. 그런 정원이가 점점 학습 능력이 향상되어 가고 있습니다. 초등학교 때보다는 중학교 2학년인 지금 공부를 훨씬 잘 합니다. 독서를 통해 이해력, 사고력, 어휘력을 길러 놓았으니 당연히 잘할 수밖에요.

요즘은 역사논술을 공부하고 있는데 수업 시간마다 참여도가 아주 높아요. 토론 시간에는 토론에도 열심히 참여합니다. 자신의 생각을 조리 있게 발표하고, 다른 사람의 의견에 대해 반론도 제기할 줄 압니다. 언제 저렇게 컸나 하는 생각을 하면 마음이 뿌듯하지요. 사고력이라는 것을 밖으로 잴 수는 없지만 공부를 진행해 보면 천층만층 차이가 있습니다. 독서 공부를 오래 한 아이들과 그렇지 않은 아이들은 정말 차이가 많이 난다는 걸 정원이를 보면서 거듭 느낍니다.

　일반적으로 공부를 잘 하는 유형에는 두 가지가 있습니다. 단기 기억과 장기 기억에 의한 공부로 갈립니다. 학교 공부만 달달 외워 공부하는 경우도 머리가 좋으면 얼마든지 성적이 좋을 수 있습니다. 아니 오히려 전 과목 백점을 맞을 수도 있고요. 학교 시험 범위는 폭이 넓지 않으므로 그 부분을 달달 외우면 암기력이 좋은 아이들은 얼마든지 가능한 일입니다.

　그러나 그것은 단기 기억이기 때문에 시험이 끝나면 쉽게 잊어버리는 게 문제랍니다. 모래성을 쌓는 것과 같다고 할까요? 날마다 자리에 앉아 공부하는 시간 대비 효율성을 생각해 보면 딱할 지경입니다. 하지만 폭넓게 공부하는 아이들은 노는 듯해도 어느 날 시험 성적이 아주 좋아집니다. 장기 기억의 효과랄까, 배경 지식이 쌓이고 폭 넓은 공부로 점점 실력이 향상되기 때문이지요. 스트레스 덜 받으면서 공부를 잘 할 수 있다면 그 방법이 더 나은 것 아닐까요?

　공부 잘 하는 아이들이 처음 독서 공부를 하러 오면 못 견뎌하는 경우가 종종 있습니다. 암기해서 공부하던 습관에 익숙해 있으면 독서 공부는 그야말로 귀찮기 짝이 없기 때문이지요.

"네 생각은 어떠니?"

매사 물어대니 그 시간에 그냥 외우면 될 것을 뭣 하러 자꾸 묻나 하는 생각도 들 것이고, 무엇을 말하려고 하면 말도 잘 안 되고, 생각한 바도 없으니, 공부는 잘 하는데 대답도 잘 못하니 자존심 상하고 해서 점점 하기 싫어지는 경우가 많습니다. 안타깝지만 습관의 변화가 필요한 부분입니다.

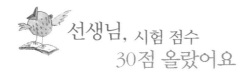

선생님, 시험 점수 30점 올랐어요

"선생님, 저 국어 점수 엄청 올랐어요. 30점이나 올랐어요."

"100점 가깝겠네."

"아니요."

"그럼?"

"74점이요."

"뭐? 그럼 그 전에는 몇 점이었던 거니?"

주영이는 공부를 열심히 하지 않습니다. 수업을 해 보면 머리는 좋은데 공부를 잘 못합니다. 토론 수업을 할 때도 나름대로 자기 생각은 분명합니다. 주영이 어머니는 늘 주영이 때문에 노심초사하십니다.

"누가 저더러 1등하라고 하나요. 중간만 해 달라는데 그걸 못해요."

"공부 시간에 발표하거나 글 쓰는 걸 보면 그 정도는 아닌 것 같은데요. 자신감도 있고요."

"그래도 공부할 책은 읽어 가긴 읽어 가요."

주영이는 중3 사내아이입니다. 역사논술을 공부하는데 지금은 세계사 편을 공부하고 있지요. 주영이는 세계사에 대한 배경 지식이 별로 없습니다. 다른 친구들은 학교에서 배운 세계사 지식을 활용하는데도 말입니다. 다른 아이들은 필독서를 읽어 오지 못하면 교과서라도 가져와 열심히 읽고 있는데, 도대체 주영이는 그런 모습을 보이지 않습니다. 수업에 늦는 일은 보통이고요. 그래서 같이 공부하는 아이들에게 수도 없이 핀잔을 듣기도 합니다.

"너는 그것도 모르냐? 배웠잖아."

그래도 결코 기가 죽지 않는 것이 주영이의 장점입니다. 그런 주영이가 상을 받았습니다.

"선생님, 저 상 받았어요."

"무슨 상?"

"주장하는 글 썼는데 장려상 받았어요. 처음 받은 거예요."

덩치 큰 사내 녀석이 으쓱거리는 모습에는 주영이를 당할 애가 없을 겁니다.

주영이는 토론을 하면 자신의 생각이 분명한 편입니다. 다른 아이들처럼 길게 다양하게 글을 쓰지는 못하지만, 자신의 생각이 분명하게 들어가 있고 짜임새가 좋기 때문에 주장하는 글에서는 상을 받을 가능성이 충분합니다. 공부 좀 못하면 어때요?

주영이의 목소리는 다른 누구보다 울림이 좋은 편입니다.

"너 성악하면 어떻겠니?"

"저, 노래 못해요."

그렇게 빼던 주영이가 어느 날 큰 입을 다물지 못한 채 흥분하며 달려왔습니다.

"선생님, 저 합창부 들어갔어요. 음악 선생님이 저더러 노래 잘한다고 칭찬하셨어요. 바리톤 맡았어요."

"잘됐네! 그래, 노래 열심히 해. 미리 사인 받아야 하는 거 아니니? 너무 유명해져 선생님도 몰라보는 거 아니야?"

주영이가 내 말에 더 피식 웃었지만, 표정은 그렇게 기쁘고 맑을 수 없었습니다.

주영이는 장차 어떤 인물이 될까요?

학원 공부 없이도 수시에 합격하다

"선생님, 우리 영진이가 서강대 수시에 합격했어요. 2등으로 붙었어요. 장학금도 받아요."

"축하드려요. 정말 기쁘시겠어요."

"주변에서 어떻게 공부했는지, 어느 학원 다녔는지 묻고 난리예요."

"그렇겠죠."

"학원 다닌 데도 없다, 별 공부를 안 했다 해도 안 믿어요."

영진이는 필자가 지금까지 보아 온 아이들 가운데 책을 가장 많이 읽은 아이 중 하나예요. 많은 아이들이 '창비 아동 문고'나 '산하 어린이' 시리즈는 별로 좋아하지 않습니다. 책의 장정이나 편집이 아이들의 눈을 확 끌어들이지 못하고, 내용도 쉽지 않아 독서력이 높은 아이들이라도 재미있게 책에 빠져 읽는 경우는 거의 없지요. 좋은 책인데도 많은 아이들에게 외면당하는 아까운 책들입니다. 하지만 영진이는 이 책들을 매우 좋아했지요.

'창비 아동 문고'는 200여 종이 넘고 '산하 어린이'도 150여 종이 됩니다. 책의 종류도 동화, 세계명작, 인물, 인문, 지리, 역사 등 다양하지요. 그러니까 누군가가 이 시리즈들을 거의 다 읽었다고 한다면, 그 아이는 그 또래에서는 모든 종류의 책들을 만났다는 뜻으로 해석해도 지나치지 않습니다. 이 책 이외에도 다른 종류의 책들까지도 손댔으니, 영진이의 독서량은 감탄하지 않을 수 없습니다.

흔히 책을 많이 읽으면 공부를 잘 한다고 생각하기 쉽지만 꼭 그런 것만은 아닙니다. 여자 아이들 중에 하이틴 로맨스나 동화 종류만 좋아하는 아이들이 제법 있습니다. 이 아이들의 책 읽기는 학습 능력 신장으로 곧장 이어지지 않습니다. 학습하는 교과서의 내용들이 대부분 비문학적인 내용들이기 때문에 이런 종류의 책들만 읽었을 경우, 상상력이나 정서 등에서의 효과는 기대할 수 있지만 학습 능력 향상을 기대하기는 어렵기 때문이지요. 하지만 다양한 종류의 도서를 읽어온 영진이를 보면 독서가 아이의 학습 능력 향상에 적지 않은 영향을 미친다는 걸 확인할 수 있습니다.

영진이는 중학교 때 수능시험 문제풀이 방송을 시청하면서 답을 척척 알아맞혀 엄마를 놀라게 하기도 했습니다. 놀란 영진이 어머니가 제게 전화를 해서 물었던 기억이 납니다.

"아니, 선생님! 영진이가 중학생인데 수능 언어영역 문제를 척척 알아맞히다니, 책을 많이 읽으면 이럴 수도 있나요?"

"그럼요. 그러니 책을 많이 읽히지요. 그리고 영진이처럼 문학, 비문학 도서를 골고루 읽는 아이는 거의 없어요. 영진이는 장르를 가리지 않고 잘 읽어 내니 당연한 것 아니겠어요?"

그 이후에도 책에 대한 궁금증이 있을 때마다, 학년이 올라갈 때마다 영진이 어머니는 전화로 책을 추천해 달라고 했습니다. 그러면서 가끔 영진이의 소식을 전하곤 했지요.

"선생님, 영진이가 중학교 때까지 수학 과외를 따로 해 본 적이 없잖아요. 그런데도 수학 모의고사 점수가 항상 일정해요. 문제가 어려워도, 쉬워도 그런 것에 영향을 별로 받지 않나 봐요. 자기 반에서 1등하는 친구는 쉬우면 점수가 쑥 올라가고 어려우면 점수가 쑥 내려가고 들쭉날쭉 변화가 심하다는데 우리 애는 늘 비슷한 점수예요. 수학 관련 책들도 많이 읽기는 했는데 이것도 독서와 관계가 있나 보죠?"

그런 영진이가 1학기 수시에 원하는 대학에 합격했으니 어찌 기쁘지 않겠어요!

영진이는 학교에서 최상위권 성적은 아니었습니다. 모의수능 성적은 그런대로 잘 나오는데 내신이 썩 좋질 않았지요. 담임선생님은 고민 끝에 영진이가 평소 논술을 잘 쓰니 논술을 보는 학교에 응시하면 좋은 결과를 거둘 것으로 생각해 서강대 수시 1학기 시험을 권유했습니다. 영진이의 결과를 보고 '조금 더 욕심을 내 볼걸 그랬다' 고 부모님이 조금 아쉬워했지만, 영진이 선택을 존중했습니다.

어린 시절 독서가 힘을 발휘한 또 다른 학생은 바로 찬영이입니다. 찬영이 어머니는 독서 지도사인데 찬영이가 초등학교 2학년 때 이 일을 시작했답니다. 한 가지를 시작하면 아주 열심히 하시는 이분은 지금은 수필가로 활동 중입니다.

찬영이는 작년에 성균관대에 합격했는데 어머니가 독서 지도에 관심이 많아 어려서부터 독서 공부를 시켰던 게 주효했던 거죠. 찬영이는 어려서도 자신의 생각을 아주 중시했었죠. 독서 공부를 하러 가서도 자신의 생각이 아니면 쓰지 않고 버티곤 했으니까요. 지도하는 선생님이 그냥 보낼 수는 없으니 보다 못해 불러 주면서 이렇게 저렇게 쓰면 되겠다고 하면 마지못해 받아쓴 찬영이는 맨 끝에 '이건 다 뻥이다' 하고 휙 써서 선생님을 당황하게 만들기도 했답니다.

찬영이는 초등학교 때 독서 학원에도 다니고, 엄마가 집에서 책을 많이 읽어 주었고, 필요한 책도 꾸준히 제공해 줘서 다양한 독서를 할 수 있었지요. 하지만 중학교 이후에는 이과를 선택해 수학에 전념하느라 책 읽을 시간이 턱없이 부족했답니다. 고등학생이 된 후에도 이과생 치고는 수학 성적이 썩 좋지 않아 방학 내내 수학 과목에 매달려야 했습니다. 시험을 보면 항상 수학보다 언어 영역과 외국어 영역을 잘 보니 선생님들도 찬영이에게 이런 말을 했다죠.

"너 혹시 잘못 와 있는 거 아니니? 문과로 가야 될 것 같은데……."

담임선생님은 찬영이에게 성균관대 수시에 응시할 것을 권했고요.

"수학 성적이 정시로 가기에는 조금 부족한 것 같은데, 성균관대 수시는 논술이 중요하니 그곳을 지원하는 게 어떻겠니?"

성균관대 수시에서 논술 시험을 보고 나오는 찬영이의 얼굴은 밝았습니다. 다섯 문항이 출제되었는데 자신은 별 부담 없이 모두 잘 썼다고 하면서, "왠지 붙을 것 같다"고 그러더래요. 찬영이 어머니는 가슴을 졸이며 합격자 발표 날만을 기다리고 있었는데, 발표 날 찬영이의 예감이 옳았다는 게 증명되었습니다.

찬영이의 합격 소식을 들은 이후 찬영이 어머니를 만났습니다.

"찬영이 어머니, 축하합니다."

"감사합니다. 신통하긴 신통하네요. 내가 뭐 해 준 게 있어야지. 고3 엄마 같지 않게 보냈는데. 내 일에만 신경 쓰느라 제대로 뒷바라지해 주지도 못했는데…… 잘됐어요."

찬영이랑 같이 수시를 본 친구가 있었습니다. 같은 학교에 다니는 그 친구의 내신이 훨씬 높았는데 찬영이는 붙고 그 친구는 떨어졌답니다. 이 일을 계기로 찬영이 어머니는 확신을 가지고 독서 지도를 더 열심히 하십니다.

"역시 독서가 중요해요. 그것도 초등학교 때의 독서가 말이에요. 찬영이 초등학교 때는 독서 교육을 했지만, 선생님도 아시다시피 중학교·고등학교 때는 독서 공부 못했잖아요. 독서를 간단한 일로 생각해서 수학에 전념하느라 그랬지 뭐예요. 쭉 이어서 계속 책을 보게 했더라면 더 나은 결과를 가져왔을 텐데……. 하지만 이것만 해도 감사해요."

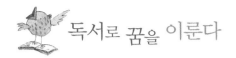

독서로 꿈을 이룬다

　개인 사업을 하고 있는 서린이 아버지를 아이들 교육 문제로 만났습니다. 여러 가지 이야기 끝에 큰아이의 짐을 그날 일본으로 부쳐 주었다며 시원섭섭해하는 것이었습니다. 서린이가 일본에 교환 학생으로 갔다면서요.

　서린이는 고2 학생입니다. 예고에 다니다가 스스로 유학 경로를 알아보고 교환 학생으로 일본에 갔습니다. 교환 학생의 조건은 모든 경비를 일본에서 대는 것입니다. 학비와 생활비는 물론 왕복 비행기 삯, 다달이 용돈까지. 그야말로 돈 벌어 가며 공부하는 것이지요. '고3 아이를 둔 부모도 고3'이라는 말이 있지만, 부모의 뒷바라지도 기대하지 않은 걸 보면 아이가 야무져도 보통 야무진 게 아닙니다. 대학생도 아닌 고2 학생의 몸으로 낯선 나라에서 공부한다는 것은 분명 쉬운 일이 아닙니다. 여기서도 힘들고 고단한 고등학교 생활인데, 부모 품을 훌쩍 떠나서 문화도 다른 일본에서 공부를 하겠다는 결정을 내린 데는 서린이의 꿈이 큰 동기가 되었지요.

"아니, 어떻게 키우셨어요?"

고등학생의 몸으로 일본 유학을 갔다기에 깜짝 놀라 물어보았습니다.

"뭐, 별로 한 건 없어요. 단지 애 엄마가 어려서부터 책을 많이 읽어 주었지요. 그러다 보니 초등학교 들어가기 전부터 자연적으로 독서습관이 생기더군요. 그 다음에는 책을 너무 많이 봐서 걱정했어요. 남들 다 공부하니까 공부하는 학원 보내야 하는 것 아니냐며 불안하기도 했지만 끝까지 소신 있게 밀어붙이자고 한 게 전부예요."

서린이는 서울 목동에 살았습니다. 목동의 교육열도 둘째가라면 서러워할 정도로 높은 동네 아닙니까? 이런 곳에서 아무리 소신 있게 행동한다고 남들 다 공부시키는데 나는 안 시키겠다고 결심하는 것은 쉬운 일이 아니지요. 주변 엄마들이 하나 둘 학교 성적에 집착하며 학원으로 보낼 때, 서린이 어머니는 점점 불안해하며, '이러다 우리 아이만 바보 만드는 것 아닌가' 하고 걱정했답니다. 그러나 서린이의 부모님은 끝까지 책을 읽는 것과 자신이 하고 싶은 일을 하도록 하는 쪽을 선택했고, 아이의 생각도 그랬습니다. 결국 서린이가 그 선택이 옳았음을 증명한 셈이지요. 나중에는 서린이네 주변의 엄마들이 공부에 연연해하지 않고 책을 읽어 주고, 아이 스스로 책을 읽게 하는 교육에 동참했다는 후문입니다.

서린이는 초등학교 고학년 때 애니메이션에 관심을 갖고 일본 만화책을 열심히 읽기 시작했습니다. 처음에는 번역본을 읽었는데 느낌이 안 산다고 투덜대더니 원본을 보기 시작했죠. 이렇게 원작을 읽다 보니 자기도 모르게 일본 문화에 관심을 갖게 되고 일본 방송도 시청하게 되었고요. 일본 만화와 방송 때문에 일본어를 별다른 공부 없이 스스로 습득하는 보너스까지 챙기면서 말이에요. 서린이네는 일본 문화를 더 아는 것도 유익하다는 판단이 들자 일본 가족여행을 실행에 옮겼습니다. 그 뒤 서린이는 세뱃돈을 받거나 용돈을 받을 때마다 악착같이 저축해 방학 때 일본에 혼자 다녀오기도 했습니다. 서린이는 그렇게 중학교 생활을 마쳤습니다.

고등학교에 진학해야 하는데 성적이 잘 나오지 않아서 걱정스러웠지만 대안은 있었습니다. 아이의 재능인 글쓰기 능력을 살려 예고에 진학한 것입니다. 예고에 진학한 후에 서린이는 전국 규모의 글쓰기 대회에 나가 상을 타면서부터 더욱 자신감과 자부심이 높아졌지요. 고등학생이 된 후 일본에 대한 관심은 더 정밀하고 깊어졌습니다. 결국 일본 유학까지 생각해 스스로 알아낸 교환 학생 시험에 합격했고요. 일본에 간 서린이는 자신이 하고 싶었던 일본 문화 공부에 흠뻑 빠져 낯선 이국 생활에도 지금껏 잘 적응하고 있습니다.

새로운 것을 선택해 실천하기는 쉬운 일이 아닙니다. 서린이는 어려서부터 자기 존중심을 배웠고, 또 그렇게 존중 받으며 성장했습니다. 또한 부모님도 이런 딸을 이해해 준 든든한 후원자였지요. 부모님의 소신, 딸에 대한 믿음이 오늘의 서린이를 키웠습니다. 모두가 똑같은 삶을 살아야 하는 것은 아닙니다. 모두가 최상위권을 차지하기 위해 공부로 경쟁하는 것은 아이들의 가능성을 너무 협소하게 만드는 일일 뿐만 아니라, 국가나 사회적으로도 크나큰 손실입니다.

　일찍이 자기의 길을 찾아 그 길로 갈 수 있는 용기, 그러한 실천은 우리의 삶이 얼마나 다양하고 무궁무진한 것인가를 거듭 일깨워 줍니다. 서린이는 책 읽기를 통해 꿈을 키웠고, 책을 통해 스스로 가능성을 이끌어낸 아이입니다. 더 많은 '서린이'와 '부모님'들이 지금 그런 가능성을 발견하고 있지 않을까요?

둘째 선물
10만 명을 먹여 살리는
상상력과 창의성

상상력과 창의성이 미래를 리드한다

요즘 아이들이 가장 즐겨 보는 책 가운데 하나가 바로 《해리포터 시리즈》가 아닐까 합니다. 《해리포터 시리즈》는 영화로도 만들어져 많은 아이들과 동심을 갖고 있는 어른들에게도 꿈과 희망을 심어 주었습니다. 전 세계 아이들을 열광시켰던 《해리포터 시리즈》를 쓴 조앤 K. 롤링은 '2000년 올해의 작가상', '2001년 〈포브스〉지 전 세계 저명인사 100위', '2004년 〈포브스〉지 10억 달러 이상 세계 최고 부호 클럽'에 선정되었습니다.

평범한 소녀에 지나지 않았던 조앤이 전 세계가 알아주는 작가가 되고 세계 최고 부호 클럽에 선정될 정도로 부자가 될 수 있었던 바탕이 무엇일까요? 그것은 바로 상상력입니다. 상상력이 뛰어난 조앤은 평범한 소녀였지만 상상 속에서는 아라비아 공주로 변신하기도 하고 마법사가 되어 하늘을 날 수도 있었습니다. 조앤은 어릴 적 학교 수업 시간에 혼자 상상의 세계에 빠져 멍하니 앉아 있다가 선생님께 혼나기 일쑤였다고 합니다. 어른이 된 후에도 상상하는 습관은 변하지 않아 상상 속에 빠져 있을 때는 전화벨이 아무리 울려도 듣지 못했을 정도라고 합니다. 조앤은 기차를 타고 왕복 두 시간 이상 걸리는 곳에 직장을 갖기도 했는데 차창 밖 풍경을 음미하며 상상의 세계에 빠져들 수 있었음을 오히려 다행으로 생각했답니다.

　조앤은 결혼을 했지만 3년 만에 이혼하고 일자리가 없어 1년 동안 정부에서 주는 생활보조금으로 살아가야만 했지요. 조앤에게는 갓난 아기인 딸이 있었고 딸에게 가난을 물려 줄 수 없다고 생각한 조앤은 자신이 가장 잘할 수 있는 일을 찾았고 그것은 바로 상상력을 바탕으로 멋지게 글을 쓰는 것이었죠. 하지만 글 쓸 곳조차 없었던 조앤은 단골 찻집에 앉아 몇 시간씩 글을 썼다고 합니다. 조앤의 글이 처음부터 환영 받은 것은 아닙니다. 마법사의 이야기가 너무 유치하다며 거절한 출판사도 많았고요. 지금쯤 출판을 거절한 그 출판사들은 얼마나 원통해할까요? 상상력! 10만 명쯤은 너끈히 먹여 살릴 수 있겠죠?

　얼마 전 삼성그룹의 이건희 회장은 10만 명을 먹여 살릴 수 있는 S급 인재를 확보하라고 특명을 내렸습니다. S급 인재에게는 사장, 회장보다도 더 많은 보수와 특별대우를 해 주겠다고 약속했으며, 인재 확보 성과에 따라 임원진의 능력을 평가하겠다고 했습니다. 실제로 S급 인재를 스카우트할 때에는 회장 전용 비행기까지 내줄 정도로 파격적인 대우를 해 준다고 합니다.

　이건희 회장이 내세운 S급 인재의 핵심 능력이 무엇인지 아세요?

바로 우리가 지금 이야기하고 있는 '상상력'과 '창의성'입니다. 상상력과 창의성은 미래에 10만 명을 먹여 살리는 핵심 역량입니다. 거꾸로 이야기하자면 '상상력'과 '창의성'이 없는 아이는 미래의 인재가 될 수 없다는 뜻이지요. 아이들의 상상력과 창의력은 100억 원의 상속보다도 훨씬 가치가 높습니다.

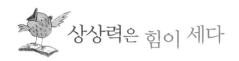

상상력은 힘이 세다

몇 년 전 《만화로 보는 그리스 로마 신화》가 출판물 판매 부수에서 1위를 차지하면서 작가와 출판사 간에 인세 분쟁까지 빚어진 일이 있었습니다. 갑자기 신화가 인기몰이를 한 것은 방송에서 같은 제목의 만화를 방영한 탓도 있겠으나 7차 교육과정에서 상상력을 강조하면서 '수요의 붐'이 빚어졌기 때문이지요. 대중문화의 저변에서 《반지의 제왕》이나 《해리포터》 같은 번역 판타지 수요가 급증한 것도 신화로 눈을 돌리게 한 하나의 이유가 될 것입니다. 그러니까 '상상력' 하면 곧장 '신화'를 연상하는 의식의 메커니즘이 작용한 현상이지요.

그러나 상상력 문제는 비단 신화에만 국한할 수 없습니다. 어떠한 장르이든 문학은 곧 상상력이라 할 수 있을 만큼 문학 자체가 상상력의 소산이기 때문이지요. 작가정신은 보통 사람들이 생각하는 상상력이 아니라 신선한 상상력, 유별난 상상력을 말합니다. 보통 사람들이 스치고 지나가기 쉬운 것들을 시인이나 작가는 상상력의 고리를 통해 서로 관계 짓고 새롭게 드러내려고 합니다. 거기에 새로움이나 실험

정신이 있는 것이지요. 시인이나 작가는 자기 시대의 언어를 통해 세계와 우주, 인간과 사회의 관계를 새로운 그물로 길어 올리는 상상력의 연금술사들입니다.

문학작품은 초등 고학년 위주로 읽어 주면 좋습니다. 상상력을 신화나 신비한 세계로 가는 터널쯤으로만 제한하는 것은 위험합니다. 마음껏 펼치는 상상을 막을 필요는 없습니다. 오히려 더 권장해야 하겠지요. 그러나 상상력의 또 다른 본질은 '나라면 어떻게 했을까?'를 생각하게 하고, 이 물음에 대한 답을 스스로 찾게 하는 데 있습니다. 신화나 신비한 세계 등이 아이들에게 몽상의 경험을 가져다주기도 하고, 생각의 지평을 넓혀 주기도 하지만, 반드시 함께 안내해야 하는 부분은 바로 앞의 질문입니다. '내가 주인공이라면?', '작가는 왜 주인공을 그렇게 그렸을까?', '내가 수남이라면 자전거를 들쳐 업고 달아났을까?' 등등 '나' 혹은 '우리'와 관련한 질문도 잊지 않는 것이 좋습니다. 상상력에도 사고력의 균형 감각이 필요하다는 말입니다.

초등 저학년에게는 동화책이 좋습니다. 동화책 자체가 어떤 의미에서는 하나의 상상력의 거울이라고 할 수 있어요. 갖가지 그림의 세계, 말하는 동물들, 하늘을 나는 아이들 등 그야말로 아이들은 총천연색 상상의 세계로 초대됩니다.

상상력은 힘이 셉니다. 프랑스 소설가 쥘 베른이 150년 전 소설 속에 그려냈던 세계는 지금 우리 생활의 일부가 되고 말았습니다. 《해저 2만리》의 영향으로 잠수함이, 《지구에서 달까지》의 영향으로 우주선이, 《20세기 파리》에 등장했던 땅속을 달리는 거대한 기차, 먼 곳에 있는 사람들이 서로 대화하는 장치 등도 현실로 나타났습니다. 한 개인의 상상 속에서 만들어진 사물들이 실제 세계에서 개발되었다는 사실도 놀랍지만 정말 더 중요한 것은, 바로 그런 소설을 읽으면서 작가가 만들어 낸 '상상의 세계'를 통해 우리들의 아이들이 언젠가 자신이 살아갈 자신의 세계를 건강하게 '꿈꿀 수 있다'는 점입니다. 그래서 미래를 살아갈 아이들에게 그 어느 것보다 더 요구되는 부분이 상상력인 것이지요.

아이들에게 상상력은 '꿈' 그 자체이기도 합니다. "나중에 커서 무엇이 될래?" 하고 물었을 때 아이들이 되고 싶어 하는 모습, 살아가고 싶은 모습 등을 그려내는 일도 상상력과 꿈이 만날 때 비로소 가능해집니다. 그래서 상상력은 힘도 세고, 아이들의 미래와도 연결되어 있는 꿈의 통로가 되는 것입니다.

독서 교육을 하면서 어린이 동화를 읽어 온 경험에 의하면 동화 속에 나타나는 상상력의 형태는 세 가지인데, 아이들과 같이 읽을 때 이를 바탕으로 조율해 보는 건 어떨까요?

첫째는 실제 세계에서의 경험을 토대로 재구성해 내는 작품입니다. 이런 작품들을 읽을 때 아이들은 "이거 진짜예요?" 하고 묻습니다. 철저하게 재구성된 이야기지만 실제로 있을 법하기 때문에 아이들은 진짜일까, 꾸며진 상상의 세계일까를 헷갈려합니다. 밤티 마을

이라는 곳에 살고 있는 큰돌이네 가족을 중심으로 새로운 가족관을 따뜻한 시선으로 이야기하고 있는《밤티마을 큰돌이네 집》같은 경우입니다.

둘째는 현실에서 허구의 세계로 들어가는 경우입니다. 이런 경향의 작품들을 읽으면 아이들은 실제로 있을 수 없다는 것을 알면서도 무척 재미있어합니다. 빨간 소파 안에서 어느 날 신비한 음악 소리가 들려오고 소파 안에 음악나라 사람들이 살고 있으며 신비한 음악으로 공부도 잘 하게 해 주고 병도 고쳐 준다는《빨간 소파의 비밀》같은 작품이 여기에 속합니다.

셋째는 모든 것이 작가의 상상 속에서 나와 펼쳐지는 이야기입니다. 바로《마당을 나온 암탉》같은 작품이 대표적이지요. 이 책에는 동물들이 등장하여 서로 갈등하고 화해하고 희생하면서 살아가는 모습이 그려져 있습니다. 동물 세계의 치열한 삶이 아이들에게도 감동을 전해 줍니다.

상상력을 개발하기 위해서는 시기별로 나이에 맞춰 접해야 하는 것들이 있습니다. 보통 유아 때는 상상력이 극대화된다고 생각하지만 어떤 책을 읽었느냐에 따라 다릅니다. 많이 알면 좋다고 생각하고 지적인 것들을 너무 어려서부터 채워 넣는다면 상상력은 자랄 수 없습니다. 초등 저학년의 표현 활동은 주로 상상력에 바탕을 둔 것들이 많기 때문에, 전혀 상상을 할 수 없는 아이는 지금까지 들어 왔던 수많

제 3 장 독서는 생애 최고의 선물이다

은 찬사들을 뒤로 한 채 하루하루를 고통 속에 보내게 됩니다. 이는 부모님의 잘못된 독서관에서 비롯됩니다.

아이들의 상상력을 키우는 방법은 일단은 문학작품을 많이 읽게 하는 것입니다. 그 자체가 상상력의 소산이기에 문학작품을 읽으며 상상 속으로 빠져들 수 있지요. 그런 다음 적절한 활동들로 상상력을 펼쳐 낼 수 있도록 해 주는 것이 좋아요.

적절한 활동에는 작중 인물이나 작가에게 편지 쓰기, 작품 중 일부분 고쳐 쓰기, 이야기의 뒤를 상상해서 써 보는 뒷이야기 이어 쓰기, 내가 다시 만든다면 어떤 이야기를 만들 것인지 이야기 만들어 보기, 내용을 그림으로 표현해 보기 등이 있습니다. 전혀 아무것도 없는 데서 무언가를 창조해 내라는 것은 아이들에게 고통을 줄 뿐이지요. 예를 제시해 주고 활동을 유도하면 훨씬 기발한 작품들이 나온답니다. 또한 서로 관계없는 낱말들을 주고 이야기를 지어 보라고 해도 기발한 이야기들을 마구 쏟아내지요.

상상력에 날개를 달아 주는 창의성

　창의성은 우리 인간의 지적 자산 중 상상력과 함께 가장 중요한 능력입니다. 변화무쌍한 사회에서 가장 필요로 하는 능력이기 때문입니다. 기존의 것들을 새롭게 보는 눈, 이미 있는 것을 바탕으로 새로운 것을 만들어 내는 능력, 이것이 바로 창의성이기 때문입니다. 사회가 정말 필요로 하는 능력은 얼마나 알고 있느냐가 아니라 알고 있는 것들을 얼마나 새롭게 만들어 낼 수 있느냐 하는 것입니다.

　창의적인 인물을 길러야 한다는 것은 결코 거창한 요구가 아닙니다. 가정에서도 학교에서도 창의성 교육에 관심을 가져야 한다고 하지만 남다른 면들을 제도권 교육이 얼마나 수용하고 있는지는 의문입니다. 입시에 목표를 둔 현재의 학교 교육은 지나치게 획일화되어 있어 이 틀에 맞지 않는 '창의적 사고'를 오히려 부적응, 부조화한 것으로 배제하고, 결국은 그런 창의성의 싹마저 무참하게 잘라 버리기 일쑤입니다.

　창의적인 인물이란 언제나 자기 주도적으로 자신의 문제를 해결해 나가는 능력을 지닌 인물을 일컫습니다. 의존적이거나, 쉽게 남에게 기대고, 남의 의견에 휘둘리기보다 자기 생각, 자기 판단을 가지고 자신의 문제를 들여다볼 줄 아는 아이는 스스로가 '각성한' 어른 아닌가요? 아이들 특유의 상상력, 정서적인 교감, 사물을 보는 따뜻한 시선, 그리고 창의성이 조화롭게 어우러지면, 이런 아이들이 커서 어른이 되었을 때 사회는 좀 더 부요한 사회가 될 것입니다.

어릴 때부터 호기심과 동기를 가지고 생각하고 문제를 해결하도록 안내하는 것이 좋습니다. 조금 빼딱하고 괴짜같이 행동을 하더라도 그들이 가지고 있는 아이디어, 감각, 독창성, 특이한 사고방식 등을 받아들일 수 있는 너그러움이 필요합니다.

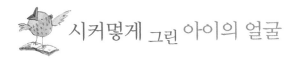 시커멓게 그린 아이의 얼굴

　새결이는 창의성이 뛰어납니다. 새결이가 그 당시에 관심이 많았던 책은 숫자 책이었습니다. 《이상한 나라의 숫자들》은 몇 번이고 되풀이해 읽던 책입니다. 《숫자 3의 멋진 잔치》를 읽어 준 어느 날 제 얼굴을 유심히 보더니 코끝을 가리키며 이러더군요.

　"선생님 얼굴에 3이 있어요."

　또 눈썹과 눈썹을 이어서 3자를 만들어 내고 윗입술 선에서 3자를 발견합니다. 이윽고 일어나서 서점 안을 돌며 3자를 찾아내기 시작합니다.

　이즈음 새결이가 좋아한 그림책 중에는 《백만마리 고양이》도 있습니다. 흑백 그림책인데 읽어 달라고 해서 끝까지 읽어 주면 또 읽어 달라고 하는 바람에 몇 번을 읽었는지 모릅니다. 여러 번 읽어 주었더니 어느 날은 뜬금없이 이런 말을 합니다.

　"선생님, 백만이라는 건 되게 많은 거죠!"

　다섯 살의 어린이에게 백만이라는 숫자를 주지시키려 했으면 어떻게 해야 했을까요? 참 난감했을 거예요. '여기도 고양이, 저기도 고양이, 수십만 수백만 수천만의 고양이'라는 표현이 나오고 고양이로 가득한 그림을 보며 새결이는 수백만의 의미를 혼자 알아냈던 것입니다.

《사과가 쿵!》을 읽고 독후 활동으로 그림을 그리게 했습니다. 새결이는 그림에도 자신감이 넘칩니다. 머뭇거리지 않습니다. 쭉 길게 위에서 아래로 선을 긋습니다.

"이게 뭐야?"

"기린이요."

더 이상 무슨 말이 필요할까요? 새결이가 기린이라면 기린인 것이지요. 선을 하나 그어 놓고도 기린이라 말할 수 있는 아이가 몇 명이나 될까요?

새결이가 어려서 자기 마음대로 그림을 그려낸 거라 할 수도 있겠지요. 하지만 새결이처럼 어려도 끝까지 그림을 그리지 못하고 가만히 있는 아이들도 꽤 많습니다. 이런 현상은 실제 사물과 똑같이 그리지 못하면 안 된다는 생각이 틀에 박힌 '똑똑한 꼬마아이'들에게 주로 나타나는 현상이지요. 이런 아이들은 자유롭게 표현하는 것이 허락되지 않았을 가능성이 많지요.

초등 저학년까지 어린아이들의 경우 독후 활동으로 그리기를 하는 경우가 많아 아이들의 그림을 자주 보게 됩니다. 아이들에게 얼굴은 살구색, 사과는 빨간색, 나무는 초록색, 하늘은 하늘색 등으로 정형화되어 있지요. 얼굴을 칠할 때 살구색이 없으면 못한다고 손을 놓고 있는 아이도 많지요.

새결이는 어느 날 얼굴을 시커멓게 칠했습니다.

"새결아, 애는 왜 얼굴이 까맣지?"

"애는 하도 안 씻고 놀이터에서 놀기만 해서 그래요."

바로 《개구쟁이 해리》의 해리가 그렇거든요. 검은 점이 있는 하얀 개가 실컷 놀아 하얀 점이 있는 검은 개가 되어 버린 내용입니다.

어떤 그림에서는 아이를 그렸는데 한쪽 다리가 짧게 그려져 있어 새결이 아빠가 물었답니다.

"새결아, 애는 왜 한쪽 다리가 짧니?"

그러자 새결이는 걷는 모습을 보여 주며 대답합니다.

"아빠, 애가 지금 걸어가고 있어서 그래."

대단한 관찰력이며 자기 자신의 감정에 솔직한 편이지요?

창의성의 요소 가운데 창의적 사고를 측정할 수 있는 기준점들이 있습니다. 일반적으로 호기심, 탐구심, 자신감, 자발성, 정직성, 개방성, 독자성, 집중력 등 창의적 사고를 측정할 수 있는 관련 항목인데, 새결이에게는 이런 성향이 다발적으로 나타나고 있는 거지요.

새결이는 지금 대안학교에서 공부하고 있습니다. 창의적인 성향을 타고난 새결이는 제도권의 교육에서는 자신의 창의적 소질을 맘껏 펼칠 수 없었지요. 대안학교에서 지금 만족해하며 즐겁게 학교생활을 하고 있는 새결이의 창의적 재능이 어떻게 꽃필지 기대됩니다.

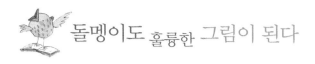

돌멩이도 훌륭한 그림이 된다

아는 분이 일곱 살 남자 아이를 데리고 놀러왔습니다. 평소에 유치원에서 산만하다고 한다며 어찌해야 하는지 엄마의 걱정을 온몸으로 받고 있는 아이였습니다. 엄마와 이야기를 나누는 동안 아이는 혼자서 시간을 보내야 했지요. 그런데 갑자기 화분 위에 놓여 있는 자잘한 돌들을 책상 위에 쏟아 놓습니다.

'애가 참 별나네. 많은 아이들을 보았지만 저렇게 노는 아이는 처음 보네. 저러니 유치원에서 산만하다는 소리를 듣는 거 아냐?'

이런 마음을 갖고 있었지만 밖으로 표현은 못한 채 아이를 가만히 지켜보았지요. 그런데 아이가 그 돌들을 가지고 무엇인가를 열심히 만들기 시작합니다. 길도 만들고 집도 만들고 나무도 만들고 상상 속의 동물도 만들고…… 책상 위에는 어느새 돌로 그린 그림이 펼쳐져 있습니다.

'이 아이는 산만한 아이가 아니라 창의적인 아이구나! 다른 아이들속에서 일률적으로 통제가 되지 않으니 선생님이 힘들어했겠네.'

마음속에서 감탄이 절로 나왔습니다.

"이야, 대단한데! 어떻게 이런 생각을 했지?"

아이는 으쓱해서 하나하나 그림 설명을 해 주더군요. 집에 돌아갈 때가 되어 엄마의 호출을 받은 아이는 그 돌들을 원래의 자리인 화분에 올려놓습니다. 자잘한 흰 차돌들이 '차르르 차르르' 하는 소리를 느끼면서요. 유치원에서도 받아들여지지 않은 창의력, 이 아이가 자라면서 부딪쳐야 할 장벽들이 참 높아 보입니다. 어른이 된 후에도 이 창의성이 얼마나 이어질지 알 수 없는 일입니다.

창의성을 높이는 가장 쉬운 방법은 창의적인 산물을 직접 보여 주는 것입니다. 아이들은 창의적 산물들을 보면 '아하!' 하면서 새로운 자극을 받게 되지요. 주변의 사물들 중에도 창의성이 번뜩이는 것들이 아주 많아요. 특히 아이들이 쓰는 문구는 더욱 창의적입니다. 기존의 것과 어떤 점이 다른지 비교하면서 보는 방법으로 차이를 찾아내고 먼저 물건의 어떤 점을 보완해 냈는지를 알아내게 하는 거죠. 물론 창의적 산물 중에 가장 좋은 것은 책을 읽어 주거나 읽게 하는 것입니다. 책을 쓴 방식이나 내용이 새로운 것들을 얼마든지 찾을 수 있으니까요.

셋째 선물
스스로 생존하는 힘을 길러준다

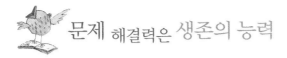

문제 해결력은 생존의 능력

문제 해결력은 자신이 처한 환경에서 살아갈 방법을 찾는 능력이지요. 자신이 처한 주변의 상황 속에서 문제를 발견하고 바르게 인식하며 논리적인 사고를 바탕으로 해결 방안을 찾아내는 과정인 것이지요. 문제를 발견한다는 것은 생활 주변의 사소한 일에서부터 항상 자신의 생각을 확고하게 갖고 의문을 던지는 것에서부터 출발합니다. 일상생활에서 부딪히는 일에 관심을 갖고 스스로에게 의문을 던지고 그 물음에 답해 보는 일이 바로 문제 발견의 태도입니다.

단순한 그림책에서부터 옛날이야기, 동화의 내용, 더 나아가 소설이라는 것은 그 자체가 문제를 해결해 나가는 과정이 이야기의 내용이 되는 것이지요. 글 속에 담겨 있는 문제(갈등)들, 그 문제들이 어떻게 해결되어 나가느냐 하는 것, 이것이 글을 읽는 재미이기도 하지요. 어떤 때는 내 마음에 들게 해결이 되기도 하지만 어떤 때는 전혀 다른 방향으로 해결이 되기도 하죠. 그럴 때 책을 읽는 아이는 또 다른 해결책을 생각해 볼 수 있습니다. 책을 통해 여러 가지 문제에 직면하고 그것들이 해결되어 가는 과정들을 보면서 나라면 어떻게 해결했을까를 생각해 보는 것, 이것이 바로 문제 해결력을 키우는 방법입니다.

문제 해결력은 책 읽기가 가져다주는 다양한 효과들이 복합적으로 맞물리면서 길러지는 능력이라고 할 수 있습니다. 그물 같은 것이지요. 이해, 사고, 분석, 판단, 추론, 상상 모든 사고 작용이 동시에 진행될 때 얻어질 수 있습니다.

여기서 잠깐 준선이와 환훈이 이야기를 소개할까 합니다.

논술 선생님은 준선이가 논제를 풀 때마다 꼴찌로 답지를 제출한다고 하더군요. 다른 친구들은 10분 정도 논제를 생각하고는 그때부터 자기 생각을 드러내는데, 준선이는 논제를 생각하는 데 적지 않은 시간을 쏟는다는 것입니다. 대학 논술의 방향에서 본다면, 이런 준선이의 접근은 효율적이지 못합니다. 제한된 시간이란 게 있으니까요.

그러나 아직 고1이고, 대학 수능까지는 시간이 어느 정도 있으니까, 좀 늦으면 어때요? 저는 대수롭지 않게 생각하거든요. 논술 선생님은 준선이가 가장 늦게 답지를 제출하지만, 사고의 깊이나 폭은 가장 넓다고 지적합니다. 다각적인 사고와 다양한 관점을 스스로 찾아내려고 애쓴다는 것입니다. 대부분 실패하기도 하지만 이 과정 자체가 아이의 사고를 단단하게 하고, 스스로 문제 해결력을 길러 내는 방식이라고 믿습니다.

환훈이도 깊게 생각을 하고, 자기 방식으로 논제를 소화하는 아이입니다. 초등학교 때부터 독서로 단련되어서 스스로 해결책을 모색하는 일이 그렇게 힘든 일도 아니지만요. 환훈이는 논술 문제를 대하면 논제와 제시문을 여러 번 깊게 읽습니다. 자신의 생각을 밝히면서 "이런 방향으로 가라는 것이지요? 이렇게 쓰면 되죠?" 하면서 글을 씁니다. 그러면 글은 언제나 또래 아이들보다 한두 가지 내용을 더 고민해서 쓰게 마련이지요. 선생님은 연신 "그렇지! 그렇지!" 하며 고개를 끄덕입니다.

문제 해결력을 키우기 위해서 부모는 단지 조력자로서의 역할을 해야 합니다. 부모는 아이가 혼자 해결하기 벅찬 학교 공부나 어려운 과제를 가지고 끙끙댈 때 문제가 무엇인지, 문제의 성격을 이해하도록 도와주는 게 좋습니다. 끙끙대는 모습이 안쓰럽다고 부모님이 생각하는 방향으로 유도한다거나 "이런 방법은 어때?" 하며 기왕의 해결책을 던져 주는 것은 사려 깊은 행동이 아닙니다. 문제 해결력은 아이 스스로가 키우고 배워야 하는 것이지, 누군가의 문제 해결력을 빌려 와서는 안 되는 것이지요.

문제 해결력은 결과가 아닌 과정입니다. 문제 해결력에서 가장 중요한 것은 문제에 대한 명확한 인식입니다. 해결 과정 안에서 어려움, 좌절, 문제에 대한 통찰력을 배우는 것이지요. 이후 유사한 문제 상황에 직면하면 훨씬 잘 대처할 수 있도록 문제 해결력이 향상됩니다.

아이가 정말 필요하다고 느끼는 것과 부모가 필요하다고 생각하는 것은 다릅니다. 아이가 준비되지 않았거나 원하지 않는 것을 억지로

시켜서는 곤란합니다. 아이 스스로 왜 그것을 해야 하는지 이유를 발견하게 하는 게 우선이지요. 아이 스스로 내적 동기를 발견할 수 있어야 합니다.

내적 동기가 유발되기 전에 부모가 닦달을 하면, 부모가 시키는 것은 어렵고 힘든 것이란 편견을 아이가 갖게 됩니다. 그것은 능동적인 탐색을 가로막는 장애물입니다. 아이의 인생 자체를 존중해야 하고, 아이의 선택을 존중해야 합니다. 부모의 목표 속에 한정시키거나 지나치게 얽어매는 태도는 좋지 않습니다. 성공이나 실패 혹은 불안에 대해 부모의 기준을 강요하기보다, 믿음을 가지고 아이의 선택을 존중하고, 그 선택의 결과에 대해 책임을 지도록 자립을 안내하는 것이 부모의 역할입니다.

듣기와 토론은 사회생활의 기본

　　우리는 사람들과의 관계 속에서 생활합니다. 요즘 사회가 발달해 혼자 하는 일이 많다 해도 결국 여럿 속에 섞여 살 수밖에 없습니다. 사람과의 관계 속에서 가장 중요한 것은 의사소통 능력일 것입니다. 다른 사람과 말이 통하지 않아 그야말로 '동문서답'을 하면 다른 사람과 좋은 관계를 맺기 어렵다는 것은 누구나 다 아는 사실입니다. 주변에서 다른 사람들이 믿고 찾는 사람은 의외로 조용한 사람이기도 합니다. 조용한 이들은 듣기를 잘 하는 사람입니다.

　　어느 회사에서 직원을 뽑는데 첫 번째 사람은 자신의 말을 조리 있고 자신 있게 아주 논리적으로 했다지요. 두 번째 사람은 첫 번째 사람의 이야기 속에서 자신이 동감하는 부분과 다르다고 생각하는 부분을 찾아서 말을 했답니다. 이 회사에서는 두 번째 사람을 뽑았습니다. 첫 번째 사람이 따지고 들었습니다. 자기가 다 한 말을 그 사람은 인용만 했을 뿐이라고. 돌아온 회사의 답변은 이랬습니다.

　　"당신은 아는 것도 많고 자신감 있고 아주 유능한 사람입니다. 하지만 두 번째 사람은 잘 듣는 사람입니다. 저희가 필요한 사람은 잘 듣는 사람이거든요. 당신은 능력이 있으니 다른 회사를 찾아가 보세요."

억울해도 할 수 없죠. 대부분의 많은 사람들은 남의 말을 잘 듣지 않습니다. 잘 듣지 않으면 잘 알 수도 없겠죠. 이제는 잘 듣는 사람이 중요한 시대입니다. 그런 사람이 고객의 소리를 잘 들을 수 있을 테니까요. 그렇다면 우리 아이들을 어떻게 잘 듣는 아이로 키울까요? 바로 책 읽어 주기와 토론입니다. 책 읽어 주기에 대해서는 앞에서 많은 이야기를 나눴으니 이번에는 토론 위주로 말씀을 드리겠습니다.

우리 속담에 '세 사람이 길을 가면 그중에 반드시 나의 스승이 있다(三人行, 必有我師)'는 말이 있습니다. 아이들을 만나면서 이 말에 100% 공감합니다. 그룹 수업이기 때문에 그룹 구성원이 아주 중요합니다. 구성원끼리 서로 영향을 미치기 때문이지요. 생각이 뛰어난 아이가 있으면 수업이 생각보다 아주 좋아지고, 모두가 올망졸망하면 선생님이 아무리 준비를 많이 해 가도 모두 펼쳐 보이지 못하는 경우도 있습니다. 아이들에 따라 심도 있는 수업이 될 수도 있고, 그저 기본만 하는 수업이 될 수도 있고, 아주 형편없는 수업이 될 수도 있는 거지요.

초등 3학년 아이들과 《갯벌》을 공부하며 다음 시간에는 갯벌 간척 문제를 토론할 테니 갯벌 간척에 대해 조사한 뒤 간척에 찬성하는지 반대하는지 생각해 올 것을 주문했습니다. 그때 정태가 한 가지 제안을 했습니다.

"선생님, 지금 먼저 토론하고 집에 가서 조사를 하면서 생각이 어떻게 바뀌나 보고 다음 시간에 한 번 더 토론해요."

"그래, 그거 좋겠는데!"

정태의 생각이 너무도 기특해 바로 토론을 시작했습니다.

이 아이들은 초등 3학년답지 않게 토론을 진지하게 진행합니다. 갯벌 간척에 찬성하는 팀은 찬성하는 대로, 반대하는 팀은 반대하는 대로 근거를 들어 조리 있게 생각을 풀어 놓습니다.

"오늘 정태 덕분에 좋은 공부를 했어요. 그죠? 집에 가서 갯벌 간척을 조사하면서 오늘 생각이 어떻게 바뀌나, 아님 오늘 생각이 어떻게 더 분명해지나 한 번 보세요. 그리고 다음 시간에 한 번 더 토론할 거예요."

정태는 또래 아이들에 비해 책을 아주 많이 읽는 아이입니다. 친구들과 어울릴 때도 잠깐의 여유가 생겨도 책을 읽고 있고, 아예 노는 것보다는 책을 읽는 것을 택할 때도 많거든요. 책을 읽는 수준도 아주 높아 4~5학년 수준입니다. 가끔 수업 시간에도 다른 책을 붙들고 있을 때가 있어 선생님께 야단을 맞기도 합니다. 다른 아이보다 문제 해결 속도가 빨라 문제를 다 풀고도 시간이 남으니 좋아하는 책을 꺼내 들게 되는 거죠. 글로 생각을 표현하는 것도 매우 자유로워 형식을 가르치는 것이 조금 힘들었지요. 생각이 다치지 않는 범위 안에서 지도를 해야 하니까요.

우리 원에서 고학년 가운데 청산유수처럼 토론을 가장 잘 하는 아이는 정현이입니다. 지금 중학교 1학년인데 반장을 맡고 있고, 초등 6학년 때는 전교회장을 지내기도 했어요. 정현이는 초등 저학년 때부터 독서 공부를 했습니다.

정현이의 독서 공부 특징은 읽은 내용을 글로 새롭게 구성해 낸다는 점입니다. 초등 고학년 때 글을 쓰면 글 속의 등장인물들을 하도 잘 죽여 걱정할 지경이었지만 남들이 전혀 생각지 않은 방향으로 글을 쓰는 것도 언어 창의성에 속하는지라 안심했습니다. 그런 정현이가 6학년 때부터 서서히 긍정적인 방향으로 글을 쓰기 시작하더군요. 아울러 사물을 바라보는 시각도 조금 더 넉넉해졌습니다. 포용적이 되고, 이해가 깊어져 가고 있는 것이지요.

정현이는 중학생이 된 이후 역사논술을 공부하면서 시사일기를 쓰기 시작했습니다. 역사논술이란 역사적 사실에 대한 공부라기보다 역사적 사실을 기본 지식으로 전제하고 각 시기별 쟁점들을 자신의 생각으로 토론해 보고 글을 써 보는 공부입니다. 시사적인 사건에 관심을 갖고 각 사건을 생각해 볼 수 있도록 시사일기를 수업 때마다 과제로 써서 발표하기도 합니다. 이 활동은 신문 기사에 대한 이해는 물론 사고력을 자극하며 발표력을 기를 수 있는 방법으로 논술의 바탕이 됩니다.

정현이는 시사일기를 아주 잘 씁니다. 자기가 선택한 기사에 대한 이해는 물론 견해도 아주 남다르지요. 정현이가 발표를 하면 같이 공부하는 친구들도 시샘 반 호기심 반의 눈길로 쳐다봅니다. 쟁점거리가 있으면 그 자리에서 토론 주제를 뽑아 토론해 보거나 다른 친구의 견해에 대해 질문하거나 이견이 있을 경우 물어보도록 하는데, 정현이의 날카로운 지적에는 매번 친구들이 쩔쩔맵니다. 토론을 할 때는 메모를 꼭 합니다. 논리적으로 허술하면 바로 정현이의 반론이 날아갑니다. 반론 꺾기도 아주 잘 합니다. 토론 수업 시 즉석에서 사회를 보게 하는데 다른 아이들은 쭈뼛거리거나, 그냥 진행 시늉만 내지만 정현이는 딱딱 정리하면서 진행해 혀를 내두르게 합니다.

토론을 하려면 우선 듣기를 잘 해야 합니다. 상대방의 의견을 듣고 허술한 부분이 무엇인가를 찾아야 합니다. 또한 자신의 의견을 밝히려면 사고력 또한 높아야 하고 상대방을 꺾으려면 논리성도 갖추어야 합니다. 정현이는 이것을 다 갖추었으니 토론이 어려울 리 없었던 거죠.

중3인 시은이도 토론이라면 둘째가라면 서러울 정도입니다. 6학년 때 전교회장을 했고 지금도 반장을 합니다. 전국 토론 대회에 학교 대표로 나가기도 했지요. 시은이는 평소 책을 가까이하고 수업 시간에 아주 열심히 듣는 편인데, 공부할 때 보면 집중력이 굉장히 뛰어납니다. 시사일기에 자기 견해를 쓴 것을 보면 정말 놀랍지요.

자기 견해가 분명한 아이들이 글을 잘 쓰고 토론도 잘 합니다. 그만큼 사고가 깊고 넓다는 뜻이지요. 왜 대학에서 논술이나 구술로 시험을 보고 학생을 뽑으려 하는지 이해할 수 있습니다.

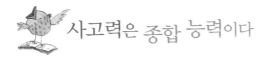

사고력은 종합 능력이다

흔히 부모님들은 아이가 책을 많이 읽으면 똑똑해진다고 생각합니다. '책 읽기 = 박학다식'이라는 등식이 무의식적으로 세워져 있는 것이지요. 맞습니다. 분명 아이들은 책을 읽으면서 다양한 간접경험을 하고, 그렇게 하면서 세계의 갖가지 비밀을 하나씩 자기 가슴에 옮겨 넣기도 합니다. 이게 다 '사고력'이 자란다는 뜻입니다. 도대체 사고력이란 뭘까요?

초등 3학년 형주는 요즘 한자에 푹 빠져 있습니다. 아빠랑 저녁마다 한자로 장풍을 날릴 정도입니다. '바람 풍' 하고 아이가 아빠에게로 손바닥을 날립니다. 그러면 아빠는 '막을 방' 하면서 아이의 한자낱말을 방어해야 합니다. 8급 시험을 본 뒤에 5급 한자 급수 책을 뒤적인다고 합니다. 학교 도서실에서 《만화 마법천자문》을 본 뒤의 일입니다. 한자야 모양새만 눈에 익히고, 한글 훈만 읽는 정도지만, 단어조합도 늘었고, 다양한 의미의 차이까지도 생각해 냅니다.

현서는 중학교 1학년 여학생입니다. 초등학교 때까지는 담임을 맡는 선생님마다 '우리 반 작가 선생님'이라고 부를 정도로 글을 잘 쓰는 아이입니다. 또래 아이들보다 조숙한 편입니다. 초등 6학년 때 파트리크 쥐스킨트의 《향수》를 너무 재미있게 읽었다고 하더군요. 중학생이 되어 같은 반 친구가 읽어 보고 싶다고 해서 빌려 줬더니, 그 친구는 두 페이지를 못 넘기고 무슨 소린지 도통 모르겠다며 책을 되돌려 주었답니다. 현서는 확실히 또래 아이들보다 사고력이 깊습니다. 유추 능력도 뛰어나고, 어른과 대화를 할 때도 꼭 이유와 주장을 또박또박 제시하는 아이입니다. 문학작품을 많이 읽는 편이고, 책을 읽은 뒤에는 아빠랑 대화를 하고, 노트에 메모를 남기는 좋은 습관을 갖고 있지요. 국어 이해력이 높은 것도 이 때문입니다.

독서를 통해 획득하게 되는 사고력에는 비판력과 논리력, 분석과 종합 능력 등 다양한 요소가 있습니다. 일반적으로 사고력이 뛰어나다는 것은 그 아이가 읽고 논리적으로 분석하고 종합할 수 있으며, 자기 의견을 가지고 비판할 수 있다는 뜻이지요. 사고력을 기르기 위해서는 여러 가지 노력이 필요하지만, 아이들에게 책을 읽어 주는 부모님이라면 '발문법'에 특히 유의해야 합니다.

보통 책을 읽어 주면 내용 줄거리 위주로 누가, 무엇을, 어떻게 했느냐에 초점을 맞추게 됩니다. 이것은 단순한 줄거리의 파악에 지나지 않습니다. 책을 다 읽은 뒤에는 효과적인 '발문법'이 필요합니다.

쉽게 말해서 '예, 아니요'를 이끌어내는 것이 아니라 이유, 근거, 추론, 예상, 결과 등을 이끌어내는 질문을 던져야 합니다.

구체적인 답을 요구한다면 질문도 구체적이어야 합니다.

"서울은 1960년대 중반부터 농촌 등지에서 많은 사람들이 이사를 해와 세계적으로 큰 도시가 되었어. 이렇게 사람이 많이 살다 보니 여러 가지 문제가 생기겠지? 어떤 문제들이 있고, 왜 이런 문제가 생길까?"

"도시에는 왜 사람들이 많이 살까?" 하는 질문보다 훨씬 구체적인 답변들이 나오겠죠?

실제로 수업을 해 보면, 아이들은 구체적인 질문에 더 잘 반응합니다. 아이들이 선생님의 질문이나 엄마, 아빠의 질문에 눈만 멀뚱거리고 있을 경우, 질문을 제대로 던졌는지부터 점검해야 합니다. 대개의 경우 질문 자체가 지나치게 넓어서 무슨 말인지를 아이들이 이해하지 못해서 대답을 못하는 경우가 많기 때문입니다.

그렇지만 책을 많이 읽는다고 해서 사고력이 저절로 느는 것은 아닙니다. 사고력은 이야기 속 등장인물이나 사건들 간의 눈에 보이지 않는 미세한 관계까지 파악하는 능력이고, 하나의 현상이나 결과를 놓고 그렇게 될 수밖에 없었던 이유나 근거를 추적해 설명해 낼 수 있는 능력이기 때문에, 글을 잘 읽는 것은 단지 사고력을 높일 수 있는 필요조건일 뿐입니다.

최근 논술 문제들을 보면, 다양한 지문을 활용하는 추세입니다.

그래프나, 그림, 도표, 신문 기사 등이 자주 활용되고 있지요. 이러한 문제들은 비판적이고 종합적인 사고력 없이는 풀기 어려운 문제들입니다. 우선은 자녀들과 책을 읽은 뒤, 문제를 해결할 수 있는 새로운 방식을 찾아 볼 것을 주문할 필요가 있습니다. 물론 부모님도 문제 해결책을 찾아봐야겠지요. 또한 아이들의 대답에 대해서는 스스로 그 대답을 정당화할 수 있는 근거를 책에서 다시 찾아보도록 하는 것도 좋은 방법입니다. 이때는 부모님이 먼저 "이러이러해서 나는 이렇게 본단다"라고 근거와 주장을 설명해 주고 아이의 대답을 기다리는 것이 좋겠지요.

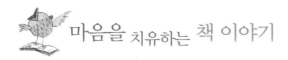
마음을 치유하는 책 이야기

독서교실에 들어오는 태중이의 얼굴이 잔뜩 일그러져 있습니다.

"태중아, 왜 그래?"

아무 대답도 없이 눈물만 글썽입니다. 뭔가 굉장히 속상한 일이 있나 봐요. 다른 친구들이 들어왔습니다.

저는 《부루퉁한 스핑키》를 들고 들어가 펼쳤습니다. 그리고 읽기 시작했지요.

다 읽고 나니 태중이가 말합니다.

"우리 아빠하고 똑같아. 아빠는 형만 좋아하고 나한테만 만날 뭐라고 그래. 치사하게!"

"그래? 태중이가 아빠 때문에 많이 속상했구나."

"아빠가요, 축구한다고 해 놓고 안 하구요. 저만 막 야단치는 거 있죠?"

태중이는 아빠에게 속상했던 걸 몇 마디 더 풀어놓더니, 금방 마음이 풀려 공부에 몰입합니다.

"애는 왜 이렇게 화를 오랫동안 내요? 나는 금방 풀리는데. 그리고요, 우리 아빠는 제가 화내도 풀어 주려고 하지도 않아요."

《부루퉁한 스핑키》는 그런 책입니다. 마음이 부루퉁한 아이들의 마음을 풀어 주는 책이에요.

스핑키는 화면 한가운데 치켜 올라간 눈을 하고 외발 수레에 팔베개를 하고 누워 있습니다. 그야말로 부루퉁한 모습입니다. 스핑키는 왜 그러고 있을까요?

스핑키는 스컹크라고 놀리는 누나 때문에, 동생의 말을 무시하는 형 때문에, 설교를 늘어놓는 아버지 때문에 부루퉁해 있답니다. 그래서 꾀를 낸 스핑키는 밖에서 사흘 동안이나 시위를 합니다. 이런 스핑키의 마음을 풀어 주기 위해 가족들은 저마다 노력합니다. 하지만 스핑키는 자기에게 함부로 대하는 세상을 싫어하기로 마음먹었으므로 세상에 속하는 가족과도 쉽게 화해하지 않네요. 어휴, 꽤 단단히 토라졌네요. 마음이 풀릴 때까지 밖에서 지내는 스핑키에게 가족들은 그래도 화를 내지 않습니다. 오히려 마음을 풀어 주려고 노력하는 모습에서 잔잔한 가족애가 느껴집니다. 가족들의 정성에 감동해 화해할 방법을 찾아내는 스핑키의 태도도 재미있지요. 스핑키를 있는 그대로 받아들여 주려고 하는 스핑키 가족들의 모습은 성급하기 그지없는, 화부터 덜컥 내는 우리들의 태도를 되돌아보게 합니다.

아이들은 누구나 가족 속에서 소외감을 느낄 때가 있습니다. 형이나 누나, 동생, 아니면 옆집 아무개와 자신을 비교해서 "넌 왜 그 모양이니? 왜 못하는 거야?" 하고 꾸짖거나, 지나가는 말로라도 나무랄

때, 자신의 진심을 제대로 이해해 주지 못할 때, 아이들의 마음에는 나는 외톨이라는 먹물이 번져 나가지요. 그럴 때 읽어 주면 아이의 마음이 풀릴 것입니다. 또 아이가 부루퉁할 때 어떻게 대할까 걱정하는 부모님에게도 좋은 책입니다. 그야말로 온 가족이 함께 읽는 가족 동화 그림책이지요. 처음부터 끝까지 흐뭇한 웃음을 자아내게 하는 책입니다.

선희는 할머니가 돌아가셔서 장례식에 참석하고 며칠 지나 공부하러 왔습니다. 처음에는 조금 멋쩍어하기에 어떤 책을 읽어 줄까 생각하다가 《할머니가 남긴 선물》을 골랐습니다. 내용은 이렇습니다. 손녀 돼지와 행복하게 살던 할머니 돼지가 서서히 죽음을 맞습니다. 손녀 돼지도 할머니의 죽음을 어렴풋이 느끼게 됩니다. 죽음을 앞둔 할머니는 자신이 해야 할 일들을 하나씩 차분히 정리하며 손녀 돼지에게 세상이 얼마나 아름다운지, 그리고 산다는 것이 얼마나 멋진 일인가를 가르쳐 주려고 합니다. 이런 할머니의 모습을 보면서 손녀 돼지는 삶에 대해 깨닫게 됩니다.

비록 동물을 내세웠지만, 선희에게는 분명 돌아가신 할머니의 모습이 보였을 겁니다. 예민할 수 있는 나이, 정을 많이 나눠 주시던 가까운 분들의 죽음은 아이들에게 더 성숙한 삶의 세계로 들어가는 통과의례가 될 수 있습니다. 감정의 홍수가 지나간 흔적이 역력한 선희는 이야기 내내 표정이 만변했습니다. 선희도 손녀 돼지가 그랬던 것처럼 그림책을 통해 돌아가신 할머니를 다시 만났고, 할머니가 미처 다 들려주지 못하셨던 이야기를 모두 들었을 거라고 생각합니다. 차분해진 선희는 그 뒤 다시 명랑한 모습을 되찾았습니다.

민경이는 6학년인데 다섯 살짜리 동생이 있습니다. 엄마는 미용실을 하느라 동생을 돌볼 겨를이 없어 어린 동생을 챙겨야 하는 일은 주로 민경이의 몫이었지요. 민경이는 학원에 올 때마다 《나도 갈래》를 읽고 또 읽습니다. 혼자 놀러 가는 오빠를 동생이 자꾸 따라다니고, 오빠는 그런 동생을 떼어놓으려 애쓰지만 마침내 동생과 함께 잠자리를 잡으러 간다는, 아주 단순한 책이지요. 민경이도 이 책에서 동생의 존재를 충분히 공감했을 것입니다. 민경이는 착해서 동생을 책임감 있게 잘 돌보는 누나였지만, 어린 나이라 마음의 부담감이 무거웠을 거예요. 이 책을 통해 동생을 돌보는 일이 부담스러운 일만은 아니라는 것을 배웠는지, 전보다 더 밝아지고 명랑해졌습니다.

적절한 순간에 적절한 책이 주어진다면 마음의 짐을 덜 수 있고, 책에서 위로를 받기도 하고 자신의 처지를 그려 봄으로써 아픔이나 외로움 등을 털어 낼 수 있습니다. 좋은 책을 많이 읽는다는 것은 그 자체가 기쁨이며 위안인 동시에 상처와 아픔의 치유이기도 하니, 놀랍습니다. 살아가면서 어려움에 직면할 때마다 책 읽기에서 위안을 받을 수 있다면 아주 좋은 평생 친구를 얻은 셈이지요.

제4장 보물 상자
찾아주기

첫째 상자
욕구별 책 찾아주기

독서 강연을 다니다 보면 자연스럽게 많은 어머니들의 고민을 듣게 됩니다. 강연에 참석한 분들은 하나같이 이런 고민들을 갖고 계시더군요.

'도대체 우리 아이에게 무슨 책을 골라 주어야 할까?'

아이에게 책을 읽혀 보면 대충 선호하는 책을 알 수 있습니다. 거기에는 뭔가 근본적인 이유가 있을 것 같아 현실요법에 대한 공부를 하게 되었습니다.

현실요법의 기본적인 이론적 근거가 되는 선택 이론은 미국의 정신과 의사였던 윌리엄 글라써(William Grasser)가 정리, 보급했는데 인간의 기본 욕구를 다섯 가지로 나누었습니다. 이 다섯 가지 욕구는 사랑과 소속, 힘, 자유, 즐거움, 생존입니다.

아이들은 이 기본 욕구를 하나 혹은 그 이상 만족시키는 책을 좋아합니다. 정말 좋은 책은 한 권에서 여러 가지 욕구를 충족시켜 주기도 하지요. 욕구를 충족시켜 주는 책읽기는 좋은 세계가 되어 머릿속에 자리 잡게 되고 이 좋은 세계와 현실을 맞추기 위해 계속 책을 읽게 되지요. 이는 아이들을 평생 독자로 남게 합니다.

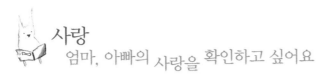

사랑
엄마, 아빠의 사랑을 확인하고 싶어요

　사람이라면 누구나 사랑과 소속 욕구를 가지고 있습니다. 어딘가에 속하고 싶고 누군가를 사랑하고 싶고 사랑 받고 싶어 하죠.

　《세 친구》의 쥐와 닭과 돼지는 강한 결속력을 가진 친한 친구 사이로 등장합니다. 아이들은 서너 살만 되어도 친구의 존재를 인식합니다. 집에 놀러 온 친구가 돌아가려고 하면 울기도 하고 집에 가야 하는데도 가지 않으려 합니다. 이런 현상은 어른이 되어도 살아가는 내내 이어지지요. 우리 어른들도 친구와 만나면 헤어지기 싫잖아요. 함께하는 추억거리가 많으니까요.

　아이들은 또 무엇인가를 키우며 사랑하는 방법을 배우게 됩니다. 개를 키우고 싶어 하는 아이들의 마음은 《내 친구 커트니》에 잘 나타나 있습니다. 아이들은 늙은 똥개인 커트니를 데려와 키우게 되는데, 커트니는 온 가족의 도우미 역할을 합니다. 바닷가에 놀러 갔다가 조난당했을 때 누군가가 해변가로 보트를 끌어내 살게 된 아이들, 그 아이들은 자신들을 구해 준 존재가 커트니라고 굳게 믿습니다. 이게 바로 사랑 아닌가요.

《오른발 왼발》은 할아버지와 손자 간의 직접적인 사랑 이야기랍니다. 할아버지가 뇌졸중이 걸려 아무도 알아보지 못했을 때 보비는 할아버지가 자신을 사랑했던 방식으로 할아버지를 일으켜 세우죠. 사랑을 받은 대로 사랑을 베푸는 보비의 이야기가 가슴을 뭉클하게 합니다.

《강아지똥》은 그야말로 사랑의 정신입니다. 아무짝에도 쓸모없는 강아지똥이 자신의 존재를 모두 녹여 예쁜 민들레꽃으로 피어나는 것, 이보다 더 큰 사랑은 없을 겁니다.

큰 아이들이 읽을 만한 책으로는 《우정의 거미줄》이 있습니다. 거미 샬롯과 돼지 윌버의 우정, 윌버를 죽음으로부터 구해 준 샬롯과 샬롯의 새끼들을 살려준 윌버의 우정은 모든 아이들이 바라는 친구상이 아닐는지요. 이 책은 〈샬롯의 거미줄〉이라는 영화로도 만들어졌습니다.

《악어클럽》도 사랑과 소속의 욕구를 잘 보여 줍니다. 악어클럽에 들기 위해 위험한 일도 감수해야 하고 또 그 클럽에 들어간 후 우정을 지키기 위해 노력하는 모습들은 아이들이 또래의 모임에 들기 위해 얼마나 노력하는지를 엿볼 수 있어요. 개성이 강하고 우정을 지키기 위해 친구의 아픈 마음을 헤아리는 모습이 믿음직스럽기만 합니다.

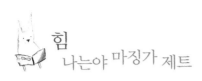

힘
나는야 마징가 제트

　힘에 대한 욕구는 어디에서나 튀고 싶고, 앞서고 싶고, 이끌고 싶은 그런 욕구입니다. 아주 본능적이고 근원적인 힘이기도 하지요. 《앨피가 일등이에요》의 주인공 앨피는 네 살쯤 되어 보일까요? 엄마가 앨피를 집에 혼자 두고 동생을 데리러 나간 사이에 문이 잠겨 버립니다. 열쇠가 없는 엄마는 집 밖에서 발을 동동 구르고 있네요. 쫙 펼쳐진 책장 가운데를 중심으로 한 쪽은 문밖 세상을, 다른 한 쪽은 문 안 세상을 가지런히 보여 줍니다. 우리의 주인공 앨피는 문밖 상황을 모른 채 울다가 의자를 갖다 놓고 열쇠 수리공이 문밖에서 문을 열려는 순간 안에서 문을 엽니다. 그때 앨피의 표정이란 '자신만만' 바로 그것입니다.

　조금 큰 아이들이 볼 만한 책으로는 《짜장 짬뽕 탕수육》이 있습니다. 전학 간 첫날 화장실에 간 종민이는 몹시 당황합니다. 자기반 덩치가 변기에 글쎄 '왕', '거지' 이름을 붙이지 뭐예요. 아무 생각 없이 '거지'라 이름 붙여진 변기에 서서 오줌을 누었다가 반 친구들에게 '거지'라 놀림을 받게 됩니다. 그러자 종민이는 변기에 '짜장', '짬뽕', '탕수육' 하고 이름을 붙이네요. 아이들은 곧 짜장이 좋은 아이, 짬뽕이 좋은 아이, 탕수육을 고집하는 아이로 나뉘어 빈 변기 없이 공평하게 화장실에서 볼일을 봅니다. 왕따를 당할 뻔한 일을 적극적으로 해결한 일, 아이들이 가진 힘의 욕구를 충족시켜 주고도 남습니다.

《어디, 뚱보 맛 좀 볼래?》는 제목부터 눈에 확 들어옵니다. 이 책은 머리 큰 고학년 아이들도 좋아하는 책으로 책에 대한 간단한 설명만 듣고도 서로 보겠다고 소동을 벌입니다. 앙리는 자기가 제일 좋아하는 여자 아이 앞에서 제일 잘하는 수영을 선보였는데도 그 여자 친구는 앙리를 칭찬하기는커녕 오히려 뚱보라고 무시를 합니다.

그날부터 앙리는 음식을 거부합니다. 결국 빼빼마른 외삼촌이 앙리를 스모 선수들의 시합장에 데려가고 앙리는 거기서 새로운 자기를 발견하게 됩니다. 그리고 그 다음날 학교에 가서 놀려대는 미카엘을 패대기쳐 제압을 합니다. 그 후 앙리가 좋아하는 여자 친구가 자기 생일에 앙리를 초대를 하네요. 뚱뚱한 자기를 받아들이고 당당히 설 때 친구들도 있는 그대로의 자신을 받아들인다는 평범한 진리를 깨닫게 된 거죠.

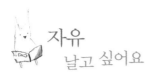

자유
날고 싶어요

　자유를 싫어하는 사람이 있을까요? 자신이 원하는 곳에 살면서 자신의 의사를 마음대로 표현하며 살고 싶어 합니다. 그러나 자기의 욕구 충족을 위해 다른 사람의 자유를 침범하면 안 된다는 사실도 우리 아이들에게 꼭 가르쳐야 할 것입니다.

　《말괄량이 기관차 치치》에 나오는 주인공 치치는 기관차랍니다. 치치는 날마다 정해진 길로 정해진 시간에 왔다 갔다 해야 하는 것이 싫었습니다. 그래서 어느 날 몰래 혼자 달아나 버립니다. 자기가 얼마나 멋진지 우쭐거리며 소리치고 달리지만 철로가의 동물들과 사람들은 모두 놀라고, 달려가던 자동차는 치치 때문에 사고가 날 뻔합니다. 이제 치치는 멈출 수도 없습니다. 오랫동안 기차가 다니지 않던 낯선 철로에 가서야 멈춰 서게 됩니다. 치치가 옴짝달싹하지 못하고 있을 때 기관사 아저씨가 최신식 기관차와 함께 나타나 치치를 데려갑니다. 이리 저리 멋대로 뛰고 싶어 하는 치치가 바로 아이들의 모습이지요. 하지만 치치가 돌아오지 못했다면 아이들은 불안해했을 겁니다. 따뜻한 보살핌이 있는 곳으로 돌아올 수 있어 자유가 더 값진 것 아닐까요?

《집 나가자 꿀꿀꿀》도 마찬가지입니다. 아기돼지 삼형제는 잔소리꾼 엄마에게서 벗어나기 위해 집을 나갑니다. 자기들끼리 공원에서 텐트를 치고 즐겁게 놀며 자유를 만끽하지만 저녁이 되어 집으로 돌아가는 친구들이 부럽기만 합니다. 때 맞춰 불러 주는 엄마의 목소리! 아기돼지 삼형제는 집을 향해 있는 힘껏 달려가 엄마 품에 포옥 달려듭니다. 행복은 언제나 가까이에 있습니다.

조금 큰 아이들이 읽을 수 있는 책으로는 《잔소리 해방의 날》이 있습니다. 아이들은 어른들의 잔소리를 싫어합니다. 푸셀도 그랬습니다. 그래서 하루 동안 부모로부터 잔소리를 듣지 않을 권리를 얻어내게 됩니다. 푸셀은 아침에 일어나 엄마, 아빠 보란 듯이 자두잼을 퍼먹는 것으로 시작해 잔소리가 없는 하루를 자기 멋대로 보내게 됩니다. 아이들은 푸셀을 아주 부러워합니다. 부모님이 먼저 이 책을 읽고서 잔소리 없는 날을 하루 허락해 보세요. 우리 아이의 속마음을 알아볼 수 있는 기회가 될 수 있을 겁니다.

더 큰 아이들이 읽을 수 있는 책으로는 《나의 산에서》와 《마당을 나온 암탉》이 있습니다. 《나의 산에서》는 샘 그리블리가 달랑 주머니칼과 노끈, 도끼, 부싯돌, 약간의 돈만을 가지고 대대로 선조들이 살아온 캐츠킬산으로 가출을 해 의식주 문제를 스스로 해결해 나가는 과정을 그린 이야기입니다. 이 책이 처음 나왔을 때 아이들이 가출을 할까 걱정을 했다는군요. 《마당을 나온 암탉》은 비좁은 양계장에 갇혀

죽을 때까지 알만 낳아야 하는 닭 잎싹이 닭장 문틈으로 내다본 바깥 세상을 동경하다 세상에 뛰쳐나와 갖가지 어려움을 겪어 내면서도 자신의 꿈을 이루어 내는 이야기입니다. 마치 클레이 애니메이션 영화 〈치킨 런〉을 연상케 합니다. 잎싹은 자신의 꿈을 이루기 위해 스스로를 죽음으로 몰아넣습니다. 양계장 밖으로 나올 수 있는 방법은 죽거나, 더 이상 알을 낳지 못하는 폐계가 될 때만 가능하니까요. 폐계가 되어 양계장 밖으로 나온 잎싹은 자신의 목숨을 노리는 족제비를 견제하며 용케 살아갑니다. 자신이 추구하는 '자유의 삶'을 살아가는 잎싹의 삶을 보며 자유를 위해서는 고통과 책임이 뒤따른다는 것을 알게 될 것입니다.

즐거움
매일매일 놀면 얼마나 좋을까?

즐거움에 대한 욕구는 기본적이고 유전적이라고 말합니다. 이 즐거움의 욕구를 충족시키기 위해 사람들은 생명을 걸고 암벽을 타거나 자동차 경주를 하기도 합니다. 즐거움이란 단순히 논다는 것뿐만이 아니라 무엇인가를 성취했을 때 느끼는 즐거움, 배움의 즐거움도 포함되지요.

아이들 책은 즐거운 이야기가 많습니다. 특히 즐거운 책으로《꼬마유령들의 저녁 식사》를 꼽고 싶군요. 앙리가 친구들을 저녁 식사에 초대했습니다. 흰옷을 입은 꼬마유령들은 먹는 음식에 따라 몸이 변합니다. 아이스크림을 먹으면 사르르 사라졌다가 우유를 먹었더니 다시 흰색으로 돌아오는 꼬마유령들! 그리스 로마 신화의 기본 모티브가 '변신'인 것처럼, 저학년 남자 아이들이 변신 로봇을 품에 안고 잠드는 것처럼, 변신과 변화는 아이들이 무척 좋아하는 테마입니다.

《구리와 구라의 빵 만들기》도 즐거운 책입니다. 구리와 구라는 산 속에 도토리를 주우러 갔다가 발견한 커다란 알을 가지고 무엇을 만들까 고민할 때도, 빵을 만들기로 결정할 때도, 알을 옮기기보다 빵 만드는 재료와 도구를 옮겨 오기로 결정을 할 때도, 그저 탄성을 지릅니다. 빵 냄새가 솔솔 풍기자 숲속 동물들이 하나 둘 몰려오지요. 어느새 책을 읽는 아이들도 그 자리에 함께 있는 듯 빠져듭니다. 이것이 바로 이 책의 매력이랍니다. 먹고 남은 것은 껍질뿐, 구리와 구라가 이걸로 무엇을 만들었을까요?

자기가 정말 하고 싶어 하는 것을 해서 즐거운 책도 있습니다. 《도서관》의 주인공 엘리자베스 브라운은 어려서부터 할 줄 아는 일과 하고 싶은 일은 오로지 책 읽기밖에 없습니다. 집에 책이 가득해 더 이상 누워 잘 데가 없는 게 슬픈 게 아니라 책을 더 이상 사들일 수 없는 것이 너무나 가슴 아플 뿐입니다. 주인공은 자신의 전 재산을 기부하면서 그곳을 '엘리자베스 브라운 도서관'이라 이름 짓습니다. 그 후 친구 집에 살면서 도서관에 드나들며 책 읽기를 계속했습니다. 목적을 가진 책 읽기가 아닌 즐기기 위한 책 읽기, 과연 우리 부모님들은 참아줄 수 있을까요?

《미스 럼피우스》도 자신이 하고 싶어 하는 일을 하는 이야기입니다. 꼬마 엘리스의 꿈은 자기가 크면 세상 구경을 하고 나이가 들면 바닷가로 돌아와 사는 것입니다. 엘리스는 도서관 사서 미스 럼피우스가 됩니다. 어느 날 열대 식물원의 가짜 열대를 구경하다가 진짜 열대를 찾으러 이곳저곳 세상 구경을 시작하게 됩니다. 그러다가 허리가 아파 오자 바닷가 집으로 돌아옵니다. 한참을 앓고 난 후 럼피우스

는 루핀꽃 꽃씨를 주머니에 넣고 다니며 마을 곳곳에 뿌리기 시작합니다. 꽃들이 싹을 틔우고 아름답게 피어나 마을은 온통 루핀 꽃밭으로 변합니다. 자신의 삶을 하고 싶은 대로 좇아 산 미스 럼피우스! 이런 삶은 우리에게 요원하기에 더 멋있기만 합니다.

《에밀은 사고뭉치》는 어느 정도 큰 아이들이 읽기 좋은 책입니다. 즐겁게 지내고 싶어 하는 욕구를 대리 충족시켜 주는 책이지요. 에밀은 엄청난 사고뭉치입니다. 에밀 때문에 카트풀트 농장은 하루도 조용한 날이 없어요. 수프가 맛있어 수프단지 속에 머리를 넣었다가 단지가 머리에 끼어서 온 가족을 놀라게 해 병원에 달려가기도 하고 이웃마을을 보고 싶어 하는 동생을 국기 게양대에 높이 매달아 놓기도 하고 집에 초대한 사람들에게 대접할 소시지를 몽땅 먹어 버리기도 하고 우연히 도둑 '참새'를 잡기도 하는 에밀 이야기는 읽는 자체만으로도 즐거움이 가득합니다.

《빨간 소파의 비밀》은 아이들의 심리를 아주 잘 나타냈어요. 피피루는 어느 날 마음에 전화를 걸 수 있는 방법을 알아냅니다. 자기네 반 1등의 마음도 알아보고 꼴등의 마음도 알아봅니다. 아이들은 이 이야기를 아주 좋아하지만, 정작 마음에 거는 전화기보다 다른 아이들을 배려하는 마음이 더 중요하다고 기특한 대답을 하더군요. 어느 날 남매는 아빠의 청진기를 갖고 놀다가 우연히 소파 속에 살고 있는 음악단의 연주를 듣게 됩니다. 소파 속 음악단은 공부를 잘 할 수 있는 음악, 암을 고칠 수 있는 음악을 만들어 줍니다. 피피루는 소파 속 음악단과의 약속을 지키기 위해 어떤 결단을 내려야만 했는데, 피피루가 내린 결단은 무엇이었을까요?

아주 큰 아이들이 읽으며 즐기기는 《신나는 교실》이 좋습니다. 이 책을 읽으면 제목처럼 신나는 교실로 만들 수 있을 텐데 아이들이 책 겉표지만 보고 읽으려 하지 않더군요. 부모님이 읽고 나서 책에 흥미를 갖도록 해 준다면 즐겁게 읽을 수 있는 책이에요. 이 책을 읽고 좋은 학교, 좋은 교실은 어떤 곳인지, 그런 곳이 되려면 어떻게 하면 될지 함께 이야기 나누면 더 재미있을 겁니다.

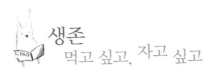

생존
먹고 싶고, 자고 싶고

생존 욕구는 척추 바로 위에 위치한 구뇌로부터 생성된 것으로서, 호흡·소화·땀·혈압 조절 등 신체구조를 움직이고 건강하게 유지하도록 하는 등 중요한 과업을 수행하는 욕구를 말합니다. 어린이 책 중 의식주를 소재로 한 책이나 똥에 관한 책, 성에 관한 책, 살아남기에 관한 책이 여기에 속하지요.

먹는 것을 소재로 한 책 중에 가장 뛰어난 책은 《프란시스는 잼만 좋아해》입니다. 잼만 고집하는 프란시스, 그대로 두어 버리는 엄마와 아빠, 곧 질려 버리는 프란시스! 이제 엄마가 차려 주는 음식을 아주 맛나게 먹습니다. 잼만 고집하다 맛있는 음식의 세계로 들어온 프란시스에게 축하의 박수를 보내는 건 어떨까요?

너구리네 집에 자꾸 도둑이 들었습니다. 범인은 바로 쥐! 너구리는 쥐를 잡아 혼내지만 쥐가 할 수 있는 일은 도둑질밖에 없다는 것을 알게 되죠. 너구리는 도둑 쥐들에게 집도 지어 주고 농사짓는 방법도 알려 주지요. 결국 이웃이 잘 살아야 내가 잘 산다는 평범한 진리가 재미있는 그림과 함께 잘 표현된 책이 바로 《너구리와 도둑 쥐》랍니다.

집에 대한 설계도, 설계도대로 집이 지어지는 모습도 아이들에게 또 다른 흥분을 자아내 줍니다.

생존 욕구에서 빠질 수 없는 것은 똥 이야기입니다. 대여섯 살쯤 된 아이들은 똥 이야기를 참 좋아합니다. 이 시기에 아예 똥에 대한 이야기를 실컷 들려주는 것이 똥으로부터 자연스럽게 벗어나게 해 주는 길입니다. 《똥벼락》을 읽으면서 갖가지 똥에 대해 실컷 웃고 즐기다 보면 스트레스도 한 방에 날려버릴 수 있습니다.

큰 아이들이 볼 수 있는 책으로는 《몽실언니》가 있습니다. 일제말기와 6·25전쟁의 암울한 시대를 살아가는 몽실언니의 비참한 삶, 그 속에서도 몽실언니의 따뜻한 인간애가 잔잔하게 전해집니다. 세상이 어떻든 희망을 갖고 살아가야 한다는 것을 잘 보여 준 책입니다. 부모님들이 더 많은 이야기를 아이들에게 들려줄 수 있는 소재이기도 하고요.

《푸른 돌고래섬》은 인디언 소녀 카레나가 18년 동안 섬에서 혼자 살아낸 실화를 바탕으로 한 이야기입니다. 갑자기 카레나의 섬에 들이닥친 알류트인들은 털가죽을 빼앗고, 남자들을 모두 죽입니다. 다른 사람들은 섬을 떠나고, 결국 동생과 카레나만 섬에 남게 되는데, 동생마저 들개 론투에게 물려 죽습니다. 카레나는 동생의 복수를 감행하지만 죽어가는 들개 론투가 가여워서 결국 친구가 됩니다. 외로움 속에서 18년을 보낸 어느 날 카레나는 구조됩니다. 자유를 찾아 가출을 꿈꾸는 이야기와 다르죠. 홀로 남겨진 여자 아이가 온갖 고난을 이겨내고 살아가는 이야기, 바로 생존에 대한 이야기랍니다.

둘째 상자
관심별 책 찾아주기

요즘은 그림책이나 동화책에서 다루는 분야가 아주 넓습니다. 아이의 관심 분야를 파악한 뒤 그 분야의 좋은 책을 권해 준다면 책을 읽는 어린이로 만들 수 있을 것입니다. 아울러 관심 없던 분야에 새롭게 관심을 갖게 할 수도 있습니다.

　《나의 산에서》를 번역한 김원구의 이야기는 이런 가능성을 더 확실하게 해 줍니다. 어린 시절을 미국에서 보낸 김원구는 6학년 때 한국에 돌아와 우리말을 잘 하지 못했답니다. 그의 어머니는 아들이 야구를 좋아한다는 걸 알고 야구기사를 스크랩해서 보여 주었고 그걸로 한글을 깨쳤다고 합니다. 그런 원구가 여자 친구에게 당시 번역본이 없던 이 책을 선물하려고 번역 작업을 시작하게 됩니다. 야구에 대한 관심, 책에 대한 관심이 서툰 모국어 실력인데도 책을 번역하는 데까지 나아가게 했으니, '관심' 이야말로 중요한 모티베이터였던 셈입니다.

　자동차에 관심이 많은 어떤 학생은 자동차 회사의 CEO라는 그의 꿈을 실현시키기 위해 노력한 결과 자동차에 관한 책이라면 자동차를 연구하는 사람들이 보는 원서도 읽을 정도가 되었다고 합니다. 관심의 힘이지요. 책을 읽지 않는다고 걱정하지 마시고 우리 아이는 어느쪽에 관심이 있는지를 먼저 살피고 책을 권해 보세요.

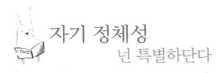

자기 정체성
넌 특별하단다

　　누군가에게 상처를 주었거나 비교될 때 아이들은 거울 속의 자신을 바라봅니다. "너 누구지?" 하면서 말이에요. 초등 시절부터 아이들에게 특히 신경을 기울여야 하는 것은 자기 존중입니다. 자신을 중요하게 생각하는 것은, 모든 행동의 기준점을 자신에게 두는 이기주의와는 다릅니다. 자기 존중을 바탕에 둔 자아 정체성의 형성은 부모님과 책을 읽으면서, 많은 대화를 통해 긍정적인 방향으로 사고하는 과정에서 만들어집니다. 자신을 당당하게 있는 그대로 받아들이는 태도는 남을 배려하고, 남과 어울려 좋은 사회생활을 할 수 있는 기초입니다.

　　《외톨이 사자는 친구가 없대요》에는 외로움에 지친 사자가 친구를 사귀고 싶어 안절부절못하는 모습이 그려져 있습니다. 다른 동물들을 만날 때마다 그들처럼 변해 보지만 다른 동물들은 무서워 모두 도망가 버립니다. 사자는 힘없이 홀로 있다 비를 맞아 원래의 모습이 드러납니다. 그제야 동물들은 그 괴물이 사자라는 것을 알고는 함께 어울려 친구가 된다는 이야기입니다.

어느 날 자신이 부모와 다르다는 것을 알게 된 아이는 어떤 마음이 들까요? 다른 집 아이들은 부모와 비슷하게 닮았는데 자신은 엄마하고도 아빠하고도 닮지 않았다면?《너, 누구 닮았니?》의 주인공 크리스토프는 어느 날 자기만 부모랑 다르다는 것을 알았어요. 자신을 진짜 자식으로 알고 있는 부모님께 이 사실을 어떻게 전해야 할지 3주일 간 고민하다가 부모님께 마음속 이야기를 털어놓습니다. 그 후 다시 행복한 가족으로 돌아갑니다. 확연하게 다른 자기 모습에서 오는 혼란을 극복해 내는 크리스토프의 모습은 정말 멋지답니다.

우리 아이가 어느 날 왕따가 되어 있다면 가슴이 철렁 내려앉겠죠?《까마귀 소년》의 땅꼬마는 선생님도 아이들도 무서워 늘 숨어 있습니다. 땅꼬마는 지나치기 쉬운 것들에 눈을 맞추고 귀를 기울이기 시작합니다. 이 땅꼬마가 빛을 발하기 시작한 것은 6학년이 되어 이소베 선생님을 만나면서부터입니다. 선생님은 땅꼬마를 학급 행사에 적극적으로 참여시킵니다. 학예회 날 땅꼬마가 까마귀의 소리를 통해 가슴속 아픔과 슬픔들을 고스란히 토해 냅니다. 이 장면을 본 사람들은 모두 눈물을 흘렸고, 비로소 땅꼬마는 '까마귀 소년'이라 불리며 사람들에게 기억됩니다. 한 아이가 자기 정체성을 찾는 데는 선생님의 역할이 아주 큽니다. 또 한 가지는 어려운 중에서도 자기세계를 잃지 않은 소년의 긍정적 태도입니다. 그랬기에 좋은 선생님을 만났을 때 그 속에 있는 것들을 끄집어 낼 수 있었던 거죠. 자기 정체성을 가지고 있어야만 진정한 자기가 될 수 있다는 것을 다시 한 번 확인할 수 있습니다.

《너는 특별하단다》의 펀치넬로는 다른 웸믹 친구들에게 늘 좋지 않은 딱지를 받습니다. 웸믹들은 하루 종일 금빛 별표와 잿빛 점표가 든 상자를 들고 서로에게 붙이고 다니지요. 펀치넬로는 잿빛 점표만 가득 받은 자신은 좋은 나무 사람이 아닌가 보다고 생각합니다. 어느 날 몸에 아무것도 붙지 않은 웸믹 루시아가 펀치넬로에게 어떤 것에도 개의치 않으면 별표나 점표가 모두 떨어져 나간다고 알려 줍니다. 펀치넬로도 남의 판단에 얽매이기보다 자기 자신을 특별하게 생각하기 시작하니 모든 점표들이 떨어져 나갑니다.

우리는 나쁜 딱지는 싫어하지만 좋은 딱지는 좋아합니다. 그러나 그 어떤 것도 나를 바르게 표현할 수 있는 것은 아니지요. '좋다', '나쁘다' 도 나를 옭아맵니다. 내가 인정하지 않을 때 자유로워지고 특별한 내가 된다는 것을 알려 주는 책입니다.

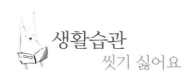

생활습관
씻기 싫어요

생활습관에 대해 일일이 잔소리를 해 댄다면 아이는 질리고 엄마는 힘들겠죠? 그럴 때 가만히 책을 읽어 주면 어떨까요?

식습관에 관계된 책 《난 토마토 절대 안 먹어》에는 먹기 싫은 것이 너무나도 많은 동생과 그런 동생에게 음식을 맛있게 먹이는 오빠가 나옵니다. 오빠는 동생에게 완두콩을 초록나라에서 온 '초록 방울'로 이름을 바꾸어 부르며 아주 귀한 것이라 자신이 먹겠다고 거짓말 아닌 거짓말을 하죠. 결국 동생은 절대로 안 먹겠다는 음식을 스스로 먹겠다고 나서고, 나중에는 토마토까지 맛있게 먹는다는 이야기이지요. 백 마디의 말보다 좋은 책 한 권이 아이를 바꿉니다.

아이들이 자라면서 엄마들과 옥신각신하는 것 중의 하나가 이 닦기입니다. 이 닦기를 싫어하는 아이에게 《충치 도깨비 달달이와 콤콤이》《악어도 깜짝 치과 의사도 깜짝》《치과의사 드소토 선생님》을 읽어 주세요. 특히, 《충치 도깨비 달달이와 콤콤이》는 아이들이 아주 좋아해요. 충치 도깨비 달달이와 콤콤이의 모습이 아주 귀엽거든요. 치

아에 멋진 집을 지을 구상을 하는 모습은 아이들이 '히야!' 하고 감탄을 할 정도랍니다. 경찰관이 와서 놀라고 결국은 병원에 가서 잡혀 나오는 충치 도깨비 달달이와 콤콤이, 아이들이 달달이와 콤콤이를 살리고 싶어 이를 안 닦을 수도 있으니 주의하셔야 합니다.

씻기 싫어하는 아이들도 있습니다. 그 애들한테는 《개구쟁이 해리》가 제격이지요. 해리는 검은 점이 있는 흰 강아지예요. 신나게 놀다가 그만 흰점이 있는 검은 강아지로 변하고 말았어요. 집으로 돌아오니 식구들이 자기를 몰라봅니다. 아무리 자기가 잘 하는 물구나무 서기, 뒹굴기, 노래 부르기를 선보여도 식구들은 고개를 저으며 몰라보니, 해리는 슬프기만 합니다. 이때 생각난 목욕 솔! 뒤뜰로 달려가 놀러 갈 때 파묻어 두었던 솔을 찾아 물고 집안으로 달려 들어가 목욕탕으로 직행합니다. 해리는 식구들의 사랑을 되찾을 수 있을까요?

병에 대한 책으로는 《나도 아프고 싶어!》가 있습니다. 오빠가 병이 나자 온 가족이 정성을 들입니다. 엘리자베스는 모든 것이 불공평하다고 투덜대며 자기도 아팠으면 하고 바랍니다. 결국 바라던 병이 들지요. 자기는 아파서 꼼짝 못하는데, 오빠 에드워드는 엘리자베스가 투덜대며 하던 일들을 합니다. 이번에도 엘리자베스는 오빠를 부러워합니다. 엘리자베스는 다 나은 후 정성을 쏟아 준 가족들에게 감사의 인사까지 챙깁니다. 이 책은 형제간의 시샘도 엿볼 수 있는 책입니다.

애착 증상을 강하게 보여 주는 책도 있습니다. 《내 사랑 뿌뿌》입니다. 담요를 놓지 못하는 오웬! 놀이터에 갈 때도 잠잘 때도 밥 먹을 때

도 언제나 오웬 곁에는 뿌뿌가 있어요. 오웬이 학교에 갈 나이가 되자 오웬의 부모님이 뿌뿌를 떼어 놓을 작전을 수행하지만 실패만발입니다. 오웬 엄마는 뿌뿌를 작게 잘라 늘 갖고 다닐 수 있는 손수건으로 만들어 주지요. 이제 손수건이 된 뿌뿌를 갖고 다니는 오웬은 더 이상 이상한 아이가 아닙니다. 아이들에게 이 책을 읽어 주고 "네 뿌뿌는 무엇?" 하고 물으면 자기의 뿌뿌를 말합니다. 그러면서 오웬이 너무 심했다나요. 자기는 그 정도는 아니라면서 어른스럽게 오웬을 나무라는 녀석들도 있습니다.

아이가 크면 심부름을 하게 됩니다. 심부름은 아이들이 바깥세상과 만나는 첫 번째 방법일 것입니다. 《이슬이의 첫 심부름》에서 이슬이는 난생 처음 동생의 우유를 사러 심부름을 갑니다. 이슬이는 슈퍼에 가다가 영수를 만나 혼자 심부름 가는 것을 자랑하며 으쓱해합니다. 슈퍼에 갔는데 글쎄 슈퍼 아주머니와 다른 손님들은 이슬이에게 아는 척도 안 해 주네요. 이슬이는 잔뜩 움츠러들어 작은 소리로 말을 합니다. 그러나 아무도 알아듣지 못해요. 결국 속상한 이슬이는 "우유 주세요!" 큰 소리로 말을 하고 슈퍼 아주머니는 몰라 봐서 미안하다며 우유를 챙겨 줍니다. 우유를 든 채 달려가는데 등 뒤에서 부르는 슈퍼 아주머니! 깜짝 놀란 이슬이 손에 거스름돈을 꼬옥 챙겨 주는 것 아니겠어요? 자, 이만하면 첫 심부름 대성공입니다.

수와 셈
더하기, 빼기 그리고 나누기, 곱하기

어린이 책 중에는 수를 알려 주는 책도 있고 도형을 보여 주는 책도 있고 '크다, 작다'의 개념을 알려 주는 책들도 있습니다.

수를 알려 주는 그림책으로는 《앵무새 열 마리》가 있습니다. 앵무새 열 마리를 키우는 교수, 아침마다 앵무새에게 인사를 하죠. 어느 날 앵무새들이 모두 숨어 버려요. 교수는 찾을 수 없지만 책을 보는 사람은 숨어 있는 앵무새를 볼 수 있어요. 장면이 넘어가면 앵무새들이 한 마리 한 마리 더해져서 함께 등장을 합니다. 숨어 있는 앵무새를 찾는 것도 재밌고 찾은 앵무새를 세어 보는 것도 재미있습니다.

이 책과 비슷한 책이 《사냥꾼 하나》입니다. 사냥꾼이 아무것도 보지 못하고 총을 들고 지나갑니다. 하지만 지나간 그 자리에 동물들이 숨어 있습니다. 코끼리 두 마리, 기린 세 마리, 타조 네 마리…… 사냥꾼은 숨어 있는 동물을 한 마리도 보지 못하고 그냥 지나쳐 갔죠. 맨 나중에 모두 모인 동물들을 보고 깜짝 놀라 황급히 도망가는 사냥꾼 하나! 이 책에는 별다른 글은 없습니다. 그야말로 그림을 읽어야 재밌게 볼 수 있는 아주 유머러스한 그림책이랍니다.

도형을 등장시킨 그림책도 있습니다. 《아기 세모의 세 번째 생일》은 생일을 맞은 아기 세모와 그의 친구 세모들의 생일 파티를 보여 주는 책입니다. 세모들은 별, 네모, 연, 배 등을 만들면서 신나게 노는데 세모가 돌면 원뿔이 되고 넷이 돌면 바람개비가 되는 등 입체적인 모습도 잘 드러나 있습니다.

《털보 박사님과 이상한 빛》은 네모 도형에 관계된 그림책입니다. 이상한 빛을 쏘이면 세상의 모든 것들이 네모로 변합니다. 네모난 과일, 네모난 안경, 네모난 바퀴, 네모난 사람들! 네모의 세상은 또 다르게 보입니다. 이 책을 보면 네모화시켜 사물을 만들어 내는 레고 놀이를 좀 더 창의적으로 할 수 있게 됩니다.

《털보 박사님과 철사균 물리치기》는 모양은 변하지만 본질은 변하지 않는다는 면에서 《털보 박사님과 이상한 빛》과 비슷하지만, 부피가 늘고 줄고 하는 것도 재미있게 보여 준다는 점에서 다릅니다. 털보 박사님이 철사균을 물리치기 위해 베이킹파우더를 사용하는 발상도 흥미롭고, 철사균이 '빵' 하고 터지는 데서 베이킹파우더가 밀가루를 부풀려 주고, 대부분 빵이 된다는 것의 연결성도 기발합니다.

더하기와 빼기의 개념을 응용한 그림책도 있습니다. 바로 《고양이네 점심》입니다. 할아버지 고양이가 물고기를 잡으러 갔습니다. 모두 열 마리를 잡았는데 집에 가져와 아빠에게 건넸을 때는 일곱 마리뿐입니다. 엄마가 요리를 끝낸 후의 물고기는 두 마리, 점심을 먹기 위해 모인 식탁에는 한 마리도 안 보입니다. 하지만 온 식구는 한마디도 하지 않고 서로 눈치만 봅니다. 왜일까요?

크고 작은 개념을 알려 주는 수 그림책으로는 《티치》가 있습니다. 작은 티치와 중간의 누나, 제일 큰 형! 빨랫줄에 널려 있는 옷들도 한눈에 크기를 보여 주고 있죠. 티치가 늘 작기만 한 것은 아니랍니다. 식물을 심는데 큰 형은 큰 화분을 들고 오고 누나는 삽을 들고 옵니다. 형이랑 누나의 눈이 내리깔린 상태입니다. 티치가 작은 씨앗을 들고 왔기 때문이지요. 그렇지만 그 씨가 어떻게 되었을까요? 쑥쑥 자랐어요. 이제 티치가 눈을 내리깔고 형과 누나는 눈을 동그랗게 떴답니다.

숫자를 재미있게 그린 책도 있어요. 《숫자 3의 멋진 잔치》와 《이상한 나라의 숫자들》입니다. 초등학교에 들어가면 숫자를 응용한 그림 그리기를 하는데, 대부분의 아이들은 우리가 흔히 생각하는 데서 못 벗어납니다. 다양하게 표현한 책을 본 아이들은 상상의 세계가 풍부해져서 숫자를 응용한 그림을 아주 멋지고 재미있게 표현해 냅니다.

수학의 모든 것을 쉽게 정리해 놓은 책도 있습니다. 《어린이가 처음 만나는 수학 그림책》 시리즈(논리수학, 놀이수학, 개념수학)입니다. 게임 학습을 하면서 수학의 개념을 배울 수 있도록 해 주는 책으로 수학을 가까이 느끼게 해 줍니다.

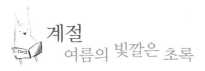

계절
여름의 빛깔은 초록

　우리나라는 사계절이 뚜렷해 특산물도 많이 납니다. 계절과 기후는 사람들의 삶과 밀접한 관계를 맺고 있어 변화하는 계절을 아는 것 또한 중요합니다.

　화사한 봄을 잘 나타낸 책은 《우리 순이 어디 가니》입니다. '계절 그림책'이란 부제가 붙어 있을 정도로 '복숭아꽃 살구꽃 아기 진달래' 하는 고향의 봄빛을 아주 잘 나타냈습니다. 순이가 새참 내 가는 엄마를 따라 막걸리 주전자를 들고 종종걸음을 합니다. 논두렁 밭두렁을 건너갑니다. 순이를 따라가면 마음이 푸근해지면서 아름다운 봄 풍경을 만끽할 수 있습니다.

　여름의 빛깔은 짙은 초록입니다. 시원한 색채감으로 여름을 잘 표현한 《심심해서 그랬어》는 여름 밭에서 볼 수 있는 채소들이 탐스럽게 그려져 있답니다. 바쁜 일철에 혼자 남게 된 돌이는 심심해서 집 안 동물들을 풀어 줍니다. 자유로워진 동물들은 채마밭으로 뛰어들고 돌이는 뒤를 좇다 지쳐 집으로 돌아와 울다 나무 아래서 잠이 듭니다.

여름 바닷가 갯벌의 모습을 나타낸 책으로 《갯벌이 좋아요》가 있습니다. 《갯벌이 좋아요》는 물이 빠진 갯벌의 모습과 물이 들어왔을 때의 갯벌의 모습을 잘 그려냈습니다. 밝고 시원한 색채가 여름을 느끼게 해 주고 게다가 활짝 펼칠 수 있는 장면들이 나와 아이들을 깜짝 놀라게 합니다. 기다란 갯지렁이의 모습과 넓디넓은 바다의 모습을 펼쳐서 볼 수 있어서 더 신기해하지요.

가을의 빛깔은 짙은 갈색입니다. 《바빠요 바빠》에 가을 느낌이 잘 나타나 있습니다. 농촌의 가을은 갈무리로 바빠집니다. 옥수수도 묶어 말리고 곶감도 만들어야 하고 고추도 말려야 하고 밤도 따야 하고 콩도 골라야 하고 그야말로 '바빠요 바빠'입니다. 해야 하는 일이 많은 만큼 풍성한 수확의 기쁨도 많을 겁니다.

《헨리에타의 첫겨울》은 늦가을의 풍경을 멋지게 담고 있습니다. 헨리에타가 첫겨울 채비로 바쁘게 양식을 모읍니다. 하지만 양식 모으기는 쉽지 않습니다. 그러다 이웃 친구들의 도움으로 곳간을 채웠습니다. 기분이 좋아 잔치를 벌이고 보니 또 빈 곳간이지 뭐예요. 헨리에타는 겨울을 어떻게 보낼까요?

겨울은 눈이 있어 다른 계절과 확연히 차이가 납니다. 눈이 덮인 풍경이 잘 나타난 책은 《우리끼리 가자》입니다. 흑백 그림책이라 눈의 느낌이 더 잘 살아납니다. 동물마을에 겨울이 오자 아기 토끼는 산양 할아버지께 옛날이야기를 들으러 갑니다. 여러 동물들이 차례로 등장했다가 차례로 사라지는데 그 모습들이 정겹게 그려져 있습니다.

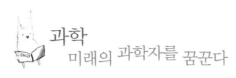

과학
미래의 과학자를 꿈꾼다

　　과학도서 중에는 과학적인 사실을 설명해 주거나 개념을 정리해 주는 책도 있고 따뜻한 동화 형식에 과학적인 지식을 담아 전달해 주는 책도 있습니다.

　　과학적인 사실을 설명해 주거나 개념을 정리해 주는 책으로는 '과학 그림동화'란 부제가 붙어 있는 세 권의 시리즈물인 《살아 있는 땅》과 《우리를 둘러싼 공기》《물의 여행》이 있습니다. 이 책들은 그림과 소재를 다루는 방식과 바라보는 눈이 부드럽고 따뜻합니다. 과학적인 사실들을 폭 넓게 다루고 있지만, 한 권 한 권에서 각각의 특징을 아주 간단하게 잘 표현해 놓았죠. 이 책을 읽으면 땅과 공기와 물에 대해서 아주 쉽게 알 수 있답니다.

　　똑같이 땅과 공기와 물과 거기에 불에 대한 것을 하나 더한 시리즈도 있습니다. '꼬마과학자'란 부제가 붙어 있는 이 책은 생명의 근원을 이루는 4원소인 물, 불, 공기, 흙을 통해 우리를 둘러싸고 있는 자연의 순환 체계와 과학적인 원리를 다루고 있습니다. 각 책은 우리 생활 주변의 구체적인 사례들을 들어 과학 현상을 알기 쉽게 풀어 줍니다. 사진같이 네모 박스 안에 처리를 한 그림이 깔끔한 인상을 줍니다. 필요하다면 네모 밖으로 튀어나오는 유연함도 좋습니다.

《갯벌에 뭐가 사나 볼래요》는 세밀화로 그려 사실적인 느낌이 강한 책입니다. 갯벌의 생물들을 잘 보여 주는 이 책을 보면 갯벌에 직접 가 본 어린이라면 대번에 '이게 뭐구나!' 하고 알 수 있습니다. 갯벌에 갈 어린이라면 한 번 보고 가면 상당한 도움을 받을 수 있을 것입니다.

《세밀화로 보는 곤충의 생활》은 곤충의 한살이를 푸근한 우리나라 농촌의 풍경 속에 살아 움직이게 그렸습니다. 계절별, 장소별로 세밀화로 정겹게 그려낸 이 책은 점점 사라져 가는 아름다운 자연과 그 속에서 자기만의 삶을 구축하며 살아가는 곤충들의 세계를 잘 보여 줍니다.

《첫 발견 시리즈》는 다른 나라에서 만든 책인데 중간 중간 투명 셀로판지를 사용하여 사물의 앞뒤를 같이 볼 수 있도록 한 점이 특색입니다. 다루고 있는 소재도 매우 다양합니다.

어린이들이 좋아하는 책 중에는 신체에 관한 책이 있습니다. 자기의 존재를 인식하며 신체에 관심을 갖게 됩니다.

《소중한 나의 몸》은 우리나라 그림책으로 책 속 주인공의 모습이 낯설지 않아 좋고 자기의 몸이 얼마나 소중한지 알려 주는 성교육 동화로도 좋습니다.

《벌거숭이 벌거숭이》도 아이들이 아주 신나하는 책입니다. 선이 없

이 단순한 색깔로 표현된 신체가 재밌습니다. 남자와 여자의 차이를 어린이의 모습과 어른의 모습으로 보여 주고 문장도 아주 간단명료해 설명하기 난감한 것들을 명쾌하게 놀이로 풀어나간 것이 이 책의 매력이지요.

수명에 대한 것을 아주 담담하게 그린 책도 있습니다. 수명이 다 하면 사라진다는 것을 어린이들에게 어떻게 설명할 수 있을까요? 아주 잔잔하고 담담하게 죽음을 인정할 수밖에 없도록 표현한 책이 바로 《살아 있는 모든 것은》입니다. 소리 내어 읽어 보면 아주 숙연해집니다. 수명 안에서만 사는 것, 그 안에서 행복하게 살아야겠습니다!

동화의 형식에 과학적인 지식을 담아 낸 책도 아주 좋습니다. 가장 인기 있는 책은 《누가 내 머리에 똥 쌌어?》입니다. 어느 날 땅 위로 올라오는 두더지의 머리에 '철퍼덕' 하고 똥을 싼 범인을 찾아 나서는 우리의 두더지! 두더지는 눈이 나빠 만나는 아무한테나 "네가 내 머리에 똥 쌌어?" 하고 묻습니다. 동물들은 자기가 싸지 않았다는 것을 실제로 보여 주어야만 하지요. 두더지의 태도나 다른 동물들의 태도가 모두 과학적이라고 해야겠죠. 결국 두더지는 똥박사인 파리의 도움을 받아야만 했어요. 그 태도 또한 과학적이죠. 말을 잘 못한다면 이 책을 소리 내어 즐겁게 읽어 주세요. 과학적인 지식도 심어 주지만 말의 재미를 만끽할 수 있도록 해 줄 겁니다.

《우리 몸의 구멍》도 흥미진진합니다. 콧구멍에서 땀구멍까지 우리 몸에 있는 모든 구멍들을 망라한 이 책은 구멍의 종류와 구멍의 하는 일을 거침없이 쉽고 재미있게 풀어냈답니다.

《멍멍 의사선생님》은 우리 몸에 왜 이상이 생기는지 작가 특유의 유머로 풀어 나갑니다. 주변에 조금 산만한 아이가 있었는데 이 책을 읽고는 일약 스타덤에 올라서기도 했답니다. 학교 과학 시간에 진가를 발휘한 거죠.

"선생님, 귀는 듣기만 하는 게 아니에요. 평형도 잡아줘요. 달팽이관에 이상이 있으면 어지럽대요."

그 후 그 아이는 책을 많이 보는 특별한 아이로 인식되었고, 그렇게 책 읽는 아이로 성장했습니다.

환경
지구가 더러워졌어요

환경을 보호하기 위해서는 환경 파괴의 심각성을 알려 주고 경종을 울리는 방법도 있겠지만 어려서부터 아름다운 환경, 좋은 환경을 보여 주고 소중함을 느끼도록 하는 것이 더욱 중요합니다.

《숲을 그냥 내버려 둬!》는 숲속의 발명왕 쥐돌이가 친구들의 생활을 편리하게 해 주려고 새로운 발명품을 만들어 내는 이야기입니다. 하지만 그 발명품에서 떨어지는 이상한 액체 때문에 숲은 점점 오염되고 맙니다. 쥐돌이는 땅에도 묻어 보고 우주에 버려 보기도 하지만 결국 오염 물질은 숲으로 돌아오고 말죠. 우리가 환경을 오염시킨다면 그것은 결국 부메랑이 되어 우리에게 돌아오고 맙니다.

색채의 마술사라 불리는 브라이언 와일드 스미스의 《잭과 못된 나무》에는 철딱서니 없는 잭 박사가 나옵니다. 잭 박사는 식물이 빨리 자라는 약을 발명합니다. 발명은 대성공이라 하룻밤 사이에 쑥쑥 자라 지붕을 뚫고 나갑니다. 못된 나무는 마을을 폐허를 만들고 게다가 우주에서 괴물이 못된 나무를 타고 지구로 내려오기까지 합니다. 결국 동물들은 뿌리를 잘라내 못된 나무를 쓰러뜨립니다. 잭 박사도 자연에 모든 것을 맡기기 시작했고 자연도 잭 박사를 품어 주었다는 이야기입니다.

《작은 집 이야기》는 도시화로 인해 없어질 위기에 놓인 작은 집을 통해 환경이 서서히 어떻게 변해 가는지를 잘 보여 줍니다. 한 가족의 도움으로 사과나무와 데이지꽃이 뒤덮인 언덕으로 다시 이사를 가게 된 작은 집은 드디어 행복한 미소를 짓게 됩니다.

《최열 아저씨의 지구촌 환경 이야기》는 먹을거리, 쓰레기, 물, 공기, 에너지, 생태계 등의 주제를 각 장으로 나누어 우리나라와 세계 각지에서 나타나고 있는 환경의 문제점을 지적하고 이런 문제들을 해결할 수 있는 대안을 제시하고 있습니다. 이 책을 읽으면 환경오염의 실태를 잘 알게 되며 환경을 왜 살려야 하는지, 어떻게 살려야 하는지를 알게 된답니다.

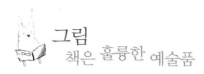

그림
책은 훌륭한 예술품

그림책은 그 자체로도 훌륭한 예술품입니다. 세계의 다양한 작가들이 저마다의 다양한 표현 수법을 뽐냅니다. 기존의 수채화, 유화, 펜화, 색연필화, 목탄화, 아크릴화 등으로 표현한 그림도 있지만 종이로 표현한 책도 점토로 표현한 책도 있습니다.

"엄마, 종이 줘요."

어제까지 그림이라면 못 그린다고 막무가내로 버티던 녀석이 갑자기 소리를 지릅니다. 이 아이의 자신감의 발원지는 '그림이란 무엇일까'를 알려 주는 《쥐돌이는 화가》입니다. 그림 그리는 것이 어렵게만 느껴지던 쥐돌이는 전시장에서 마음대로 그림을 감상하며 많은 것을 느끼고 집으로 돌아와 마음껏 그림을 그립니다. 아이들에게 그림에 대해 자유롭게 생각하고 행동하게 하는 책입니다.

그림에 대해 직접 이야기해 주는 책이 있는가 하면 색의 변화로 그림의 즐거움을 알게 해 주는 책도 있습니다. 《마녀 위니》는 아이들이 즐거워하는 책 중의 하나지요. 마녀 위니에게는 색을 바꿀 수 있는 요술 지팡이가 있어요. 마녀 위니와 연두색 눈만 빼고는 온통 검은 고양이 윌버가 겪는 총천연색 변신의 세계가 아이들의 눈을 사로잡는 책입니다.

그림의 소재가 특이한 책으로는 《노아의 방주를 탄 동물들》이 있습니다. 다양한 색채의 점토로 장면을 연출해 냈는데 펜이나 붓으로 그린 그림만큼이나 표현이 정교하고 색채가 화려합니다. 이야기가 펼쳐지는 글도 아주 편하고 운율이 느껴지지요. 종교적 편견이 없다면 누구나 즐겁게 볼 수 있지요. 아이들은 학교에서 점토놀이를 하지만 조물조물 만져서 어떤 것을 형상화하는 것을 어려워할 수도 있을 겁니다. 그때 이 책을 본다면 머릿속이 확 트이는 느낌을 받을지도 몰라요.

한지로 모양을 만들어 낸 책 《꼬니는 친구》도 재미있습니다. 아름다운 뱀 꼬니는 징그럽다는 이유로 다른 동물들로부터 따돌림을 당하죠. 숲속에 불이 난 어느 날 꼬니는 긴 꼬리를 이용해 동물들이 강을 안전하게 건널 수 있도록 도와줍니다. 내용은 단순하지만 색색의 한지를 구겨서 표현해 낸 그림이 참 좋아요. 정교함보다는 투박한 느낌이지만 다양한 그림의 세계를 느끼기에 그만이죠.

미술가를 소개하는 책들도 있습니다. '내가 처음 만난 예술가' 시리즈인데, 《피카소》《샤갈》《다빈치》《조토》《모네》 등 외국의 화가와 우리나라의 화가인 《김홍도》《장승업》《박수근》《이중섭》《김기창》 등을 다루고 있습니다. 각 책마다 화가들의 일생이 놀이판으로 되어 있어 즐겁게 주사위 놀이를 하다 보면 예술가가 활동한 시기에 어떤 일들이 일어났는지도 알 수 있게 됩니다. 화가이니 그들의 그림이 빠질 수는 없겠죠? 그냥 단순하게 그림만 나온 것은 아니고 놀이와 함께 그림을 즐길 수 있도록 만들었어요.

유명한 그림을 소재로 한 《세상에서 가장 유명한 미술관》도 재미있는 책입니다. 이 책은 강아지가 등장하는 그림만 모아 놓았습니다. 일 년에 한 번 사람들 모르게 강아지들이 축제를 벌입니다. 축제를 끝내고 허둥지둥 그림 속으로 들어간다는 것이 그만 다른 그림 속으로 들어가고 말았네요. 각 그림 속의 강아지들을 찾다 보면 명화를 보는 것이 즐거워질 것입니다.

《안나와 떠나는 미술관 여행》도 흥미롭지요. 미술관에 간 안나가 오줌이 마려워 삼촌과의 약속도 잊은 채 화장실을 찾아 미술관 곳곳을 돌면서 여러 화가들을 만납니다. 화가들에게 왜 그런 그림을 그리는지 물어도 보고 자신도 그림을 그려 봅니다. 아이들은 잭슨 폴록의 그림을 제일 신나합니다. 물감을 찍어 휙휙 뿌려대니 얼마나 신나겠어요! 뭔가 미술관 관람이 무겁게 느껴질 때 이 책을 보면 자유로워질 것입니다. 즐기기! 진정으로 가까이 갈 수 있는 방법입니다.

옛날이야기
귀가 쫑긋쫑긋

　아이들의 듣는 귀를 예민하게 해 주면서 상상력을 키워 줄 수 있는 것은 무엇일까요? 바로 옛날이야기 들려주기입니다. '옛날, 옛날 아주 먼 옛날~'로 시작하는 옛날이야기를 시작하는 순간부터 아이들은 침을 꼴깍 삼키며 그 다음 이어지는 이야기가 궁금해서 엉덩이를 들었다 놓았다 하게 됩니다.

　그런데 언제부터인가 옛날이야기 듣기가 어려워졌어요. 요즘 아이들에게는 애니메이션, 인터넷, TV 만화영화 등이 더 익숙해져 있으니까요. 쌍방향성을 강조한다고 해도 이것들은 이야기와 본질적으로 다른 전달 방식입니다. 관계 지향적이긴 하지만 내가 중심이 됩니다. 보고 싶으면 보고, 말고 싶으면 말고 선택은 일방적이지요. 이야기를 잘 들을 필요도 없고, 이야기에 초점을 둔 것도 아니니, 듣는 일은 점점 멀어집니다. 이야기를 들을 줄 모르니 남이 어떤 생각을 하는지 남에게 어떻게 해 줘야 하는지 모르는 것은 당연한 일이지요. 옛날이야기를 재미있게 듣다 보면 듣기 훈련도 되고 그 안에서 삶의 지혜를 배우게 됩니다.

아이들이 좋아하는 옛날이야기 그림책《장갑》은 그림책의 고전이라 할 수 있지요. 우크라이나의 옛날이야기를 그림책으로 만들었는데 아이들의 상상력이 극대화되는 좋은 그림책으로 인정받은 책이랍니다. 할아버지가 산길을 가다 떨어뜨린 장갑 한 짝에 생쥐가 살고 싶어 합니다. 웬일인지 개구리도, 토끼도, 여우도, 늑대도, 멧돼지도 살고 싶어 합니다. 어이쿠, 나중에는 곰까지 들어가 살겠다는군요. 장갑 한 짝에 어떻게 이렇게 많은 동물이 들어가 살았느냐고요? 모양을 바꾸어 가는 장갑집의 모습 또한 재미있는 볼거리입니다.

옛날이야기를 그림책으로 만드는 데 성공한 책으로《커다란 순무》가 있습니다. 러시아의 옛날이야기를 그림책으로 만든 것이지요. 할아버지가 가꾼 순무를 거둬들여야 하는데 순무가 어찌나 큰지 꼼짝을 안 하지 뭐예요. 꼼짝도 않던 순무가 마지막으로 생쥐까지 나서서야 쑥 뽑히고 어마어마하게 큰 순무를 모두가 둘러앉아 맛있게 나눠 먹는 장면으로 이야기는 끝납니다. 이 이야기는 어린이들에게 아주 인기가 좋아요. 동극으로 꾸며서 해 보면 더욱 좋아한답니다.

우리나라 옛날이야기를 그림책으로 만든 책들도 있습니다.《반쪽이》는 이야기 자체도 흥미로운데 민화풍의 그림이 정겹습니다. 반쪽이가 양반집 딸을 업으러 가겠다고 해 양반집에서 딸을 지키는 모습은 똑같은 장면의 배치가 세 장면으로 이어지는데, 집을 지키는 사람들의 변화가 재미있게 그려졌습니다. 또한 반쪽이가 딸을 업으러 갈 때 가져가는 물건들과 그 물건들로 지키는 사람들에게 취한 조치가 한 장면 안에 묘사되어 흥미로우면서도 옛 물건을 그림으로 보고 배울 수 있습니다.

《팥죽 할멈과 호랑이》는 약자가 힘을 합해 강자를 물리치는 전형적인 옛날이야기입니다. 책에 따라 등장하는 동물들이 다르기도 한데 이것은 옛날이야기의 특징입니다. 옛날이야기는 입에서 입으로 전해진 것이기 때문에 전달해 주는 사람에 따라 조금씩 바뀌기도 하니까요. 누구나 이야기의 창조자가 되어 가감할 수 있는 것이거든요. 그래도 중심은 변하지 않아요. 이 책은 농사짓는 데 사용하는 물건들과 산골에 있을 법한 할머니가 살고 있는 집 모양이 세밀하게 사실적으로 그려져 있으며 계절의 변화도 아주 잘 나타나 실감나는 책이랍니다.

옛날이야기의 가치를 알려 주는 책인 《옛이야기 들려주기》는 옛이야기를 들려주는 것만으로도 얼마나 좋은 교육이 되는지 잘 알게 해 줍니다. 옛이야기의 맛을 살려 재미있게 들려줄 수 있는 방법을 알려 주기도 하고요. '아, 이래서 옛날이야기를 들려주어야 하는구나!' 하고 마음으로 느낄 수 있게 되는 책이랍니다.

아예 어른들이 읽을 수 있는 옛날이야기 책도 있습니다. 《우리가 정말 알아야 할 우리 옛이야기 백가지》 1, 2권에는 우리나라 사람들의 사상, 감정, 생활상이 고스란히 들어 있지요. 또한 그 속에는 비유와 상징과 지혜가 들어 있어 들으면서 스스로 교훈을 깨우치게 될 겁니다.

옛날이야기 중에는 신화도 있습니다. 건국신화를 모아 놓은 《하늘이 내린 시조 임금님들)에는 우리나라 최초의 국가인 고조선을 세운 단군왕검에 대한 이야기부터 조선을 세운 이성계에 대한 이야기까지 나오는데, 역사를 배우는 어린이들에게 전반적인 역사의 흐름을 알려 주기에 적합한 책입니다.

《이야기가 술술 우리 신화》는 우리 생활과 친근한 여러 가지 신화를 맛볼 수 있는 책입니다. 죽은 사람을 인도하는 신인 바리데기는 일곱 번째 딸로 태어나자마자 버려졌지만 병든 아버지를 구하기 위해 온갖 어려운 일을 겪어 내고 서천 시약산에서 약수를 구해 옵니다. 이로써 바리데기는 이승과 저승을 오가는 신이 됩니다. 이 밖에도 다른 신들의 이야기가 흥미진진하게 펼쳐집니다.

《염라대왕을 잡아라》도 아주 흥미로운 신화입니다. 우리는 사람이 죽으면 염라대왕 앞에 가 판결을 받은 뒤 극락이나 지옥으로 떨어지게 된다지요. 그 심부름을 하는 저승사자가 된 강임이 이야기가 펼쳐집니다. 저승사자 강임이가 삼천갑자를 산 동방삭이를 잡아가는 이야기가 흥미진진합니다.

아이들에게 신화를 읽히다 보면 종종 안타까운 일도 생깁니다.

"선생님, 이거 뻥이죠?"

그리스 로마 신화는 꼭 읽어야만 하는 거라 생각하면서 우리 신화를 하대하는 일은 어디에서 시작되었는지 답답한 노릇입니다. 신화는 그야말로 신화입니다. 신화는 상상의 보고로 외국 것도 좋지만 우리 것도 반드시 읽혀야 합니다.

전통문화
과거로 가는 타임머신

가장 한국적인 것이 세계적인 것입니다. 한국인으로서의 정체성을 확립한 후에 외국의 문화도 배우는 거겠지요. 최근 사회가 급변하면서 우리의 전통문화가 많이 사라져 버렸습니다. 현대를 사는 우리에게 '전통문화가 뭐가 중요할까?' 생각할 수 있겠지만 오늘날 우리의 뿌리이기에 간과할 수 없을 겁니다. 전통문화에 대한 책을 가까이하게 해서 우리의 뿌리를 알려 주면 좋겠지요.

유치원 아이들이나 초등 저학년 아이들에게 우리나라의 전통문화를 가까이하게 해 주는 책들이 있습니다. 다양한 내용과 그림 기법들을 선보이는 보림출판사의 솔거나라 전통문화 그림책입니다. 떡에 대한 이야기인 《떡 잔치》, 전통 염색에 대한 《쪽빛을 찾아서》, 탈춤에 대한 《아무도 모를 거야 내가 누군지》, 지도에 대한 《세상을 담은 그림-지도》, 옷감 짜기에 대한 《씨실날실》 등 다양한 이야기들이 있습니다.

조금 큰 아이들이 볼 수 있는 책으로는 《관혼상제 재미있는 옛날 풍습》이 있어요. 우리나라 사람들이 태어나서 죽을 때까지 치르는 여러 가지 풍습을 소개하고 있습니다. 지금도 사람들 사이에서 행해지는 백일잔치, 돌잔치, 결혼 풍습, 장례 풍습, 제사 풍습 등을 이야기와 함께 재미있게 소개하죠.

《열두 달 풍속 놀이》에서는 농경 사회였던 우리나라의 열두 달의 풍속들이 들어 있습니다. 농사짓는 사이사이 명절을 끼워 넣어 지친 몸을 달래고 원기를 보충하고 다시 힘을 모아 농사에 정진하는 우리 조상들의 지혜를 알 수 있지요. 24절기도 나와 있어요. 우리의 전통 풍습을 아는 데는 아주 좋아요.

아이들은 띠가 어떻게 정해지는지 자기 띠의 특징이 무엇인지에 대해 궁금한 게 참 많습니다. 그럴 때 《알쏭달쏭 12가지 띠의 비밀》을 읽어 준다면 재미있게 읽을 수 있지요. 가족 중에 해당하는 띠만 살펴본다든지 해서 부담 없는 책 읽기가 될 수 있도록 해도 된답니다. 각 띠의 장단점을 알려 주고 각 띠에 해당하는 유명한 인물들도 소개해 놓았습니다.

문화재를 다룬 책인 《흥미로운 국보 여행》은 우리나라 국보에 얽힌 이야기가 펼쳐집니다. 성덕대왕신종인 에밀레종에 얽힌 사연도 알 수 있고 불국사 다보탑과 석가탑에 얽힌 이야기도 알 수 있습니다.

《서울 600년 이야기》는 서울에 대한 이야기입니다. 서울은 조선 시대의 도읍지로부터 시작되었기에 조선 태조 이성계와 관계된 지명이 많아요. 지명의 유래가 재미있는 이야기로 되어 있어서 읽다 보면 '아, 그 이름이 이런 뜻이었구나!' 하고 알 수 있고 아울러 조선에 대한 역사도 배울 수 있답니다.

우리 민화에 대한 책으로는 《아재랑 공재랑 동네 한 바퀴》가 있습니다. 아재랑 공재랑 서당에서 공부한 후 동네를 한 바퀴 돌아 집으로 돌아오는 것으로 이야기가 설정되어 있지요. 민화의 설명이 간결한 동요처럼 되어 있어서 읽다 보면 운율이 느껴지고 글과 그림이 딱 맞아떨어집니다. 재미있게 읽다 보면 신윤복도 만나고, 김홍도도 만나고, 조영재도 만납니다.

가족
사랑의 울타리

　가족은 한 아이가 자기 정체성을 형성하고, 사회를 바라보는 사고의 틀을 결정짓는 최초의 공간입니다. 그래서 부모와 자식, 형제간의 관계가 수직적이면 아이들의 사고도 수직화되기 쉽지요. 부모가 아이들과 함께 책을 읽는 가족 풍경에서는 그런 권위적인 수직적 위계가 약화되어 있는 대신 서로 대등한 상호 존중이 두드러집니다. 아이들의 미래가 어떤 모습으로 펼쳐질지 고민하는 부모님이라면, 존중심을 키워 주는 대화나 행동들을 꾸준하게 유지해야 합니다.

　아이와 함께 놀아 주는 이야기는 《아빠랑 함께 피자 놀이를》에 펼쳐집니다. 공놀이를 하고 싶지만 비가 내려 나가지 못하게 된 피트를 달래 주기 위해 아빠는 피트와 피자 놀이를 하죠. 피트를 식탁 위에 눕혀 놓고 반죽도 하고 기름도 바르고 토핑도 얹고 구워 먹는 흉내도 냅니다. 간지러운 피트는 밖으로 달려 나갑니다. 밖에는 해가 쨍쨍! 부모는 자녀를 행복하게 해 줘야 하는 의무가 있습니다. 피자 놀이를 해 보세요. 아이와 더욱 가까워질 수 있을 겁니다.

조부모와의 관계를 그린 책으로는 《우리 할아버지》와 《할머니》가 있습니다. 《우리 할아버지》는 할아버지와 손녀의 사랑을 담은 책입니다. 손녀는 할아버지와 많은 시간을 함께하지만 이야기가 잘 통하지 않습니다. 할아버지는 늘 손녀의 제안에 함께하지만 늘 이야기는 겉돌지요. 함께하지 못하게 된 할아버지! 할아버지의 의자는 빈 공간으로 남아 있습니다. 《할머니》는 할머니와 손자의 사랑을 그린 동화책입니다. 교통사고로 부모님을 잃게 된 칼레를 돌보기로 나선 할머니! 할머니와 칼레의 생활은 갈등의 연속입니다. 특히 엄마에 대한 생각은 굉장히 다릅니다. 할머니가 엄마에 대해 나쁘게 이야기하는 것을 칼레는 못 참습니다. 서로 티격태격하며 차츰 서로를 이해해 가는 이야기랍니다.

가정에 언제나 평화만 있는 것은 아닙니다. 부부의 문제를 그린 책으로 《따로 따로 행복하게》가 있습니다. 각 집에 한 권씩 사 놓으라고는 말 못할 책입니다. 왜냐고요? "이혼하라는 거야, 뭐야?" 할 테니까요. 하지만 각 교실에는 한 권씩 있어야 할 책입니다. 우리 아이들에게 이혼에 대한 편견을 심어 주지 않으려면 말이에요. 책 속에 나오는 아이들도 부모가 점점 갈등으로 치달자 자신들 때문일까 고민합니다. 부모 때문에 골치 아픈 친구들을 모아 의견을 나눈 결과 끝혼식을 해 주기로 합니다. 끝혼식을 올린 후 각자 끝혼여행을 가고 각자 다른 집에서 서로의 취향대로 행복하게 살았다는 이야기입니다.

조금 큰 아이들이 읽을 수 있는 이혼에 대한 책으로는 《난 아빠도

있어요》가 있습니다. 부모의 이혼 후 엄마와 쭉 살던 1/3의 정상(이혼
가정)에 속하는 아이의 재기 발랄 살아남기 작전! 대부분의 아이들은
2/3의 정상에 들고 싶어 한다는 충고도 함께요. 아이가 있는 한 이혼
은 결코 쉽게 결정할 문제가 아닌 거지요.

　새로 태어난 동생 때문에 스트레스 받는 큰아이가 있다면《동생이
없어졌으면 좋겠어》를 읽어 주세요. 엄마의 배가 불러오더니 동생이
태어났습니다. 모두의 관심은 아기에게로만 쏠리고 '나'는 슬프죠.
다행히 엄마와 아빠는 '나'도 여전히 어리다는 것을 알아채고 다시
친절하게 대해 줍니다. 결국 동생의 존재를 받아들이고 무슨 일이 일
어나건 동생의 두 손을 꼭 잡고 걸어가기로 마음먹지요. 큰아이에게
기대가 커서 그런지 있는 그대로의 사랑을 표현하기는 쉽지 않지만
그들도 똑같이 어린 존재라는 것을 인정해 주어야 할 것입니다.

　보통 '새엄마' 하면 나쁜 마녀나 되듯이 생각하기 쉽습니다. 새엄
마에 대한 새로운 시각을 제시한 책은《밤티마을 큰돌이네 집》시리즈

랍니다. 큰돌이와 영미의 가슴 아픈 이야기를 통해 가족의 의미를 되묻죠. 영미가 돌아와 새엄마와 갈등을 빚고 다시 합치게 된《밤티마을 영미네 집》. 봄이가 태어나고 한 가족으로 이어져 행복하게 살아가는 《밤티마을 봄이네 집》.

　큰돌이네 아빠와 엄마는 늘 싸웁니다. 아빠는 걸핏하면 술 먹고 엄마가 나간 뒤로 아이들을 쫓아내고 때립니다. 쑥골 할머니가 드나들더니 못생긴 아줌마가 나타나요. 이른바 팥쥐 엄마! 새엄마가 온 후로 가족은 전보다 훨씬 행복해집니다. 햇볕에 쪼그리고 앉아 졸기만 하던 할아버지가 채마밭을 가꾸게 되고 술만 먹던 아빠는 이제 노래까지 흥얼대는 마음씨 좋은 아저씨가 되었지요. 게다가 남의 집에 보내 버린 영미도 찾아오겠다잖아요. 팥쥐 엄마를 만나지 않았다면 큰돌이와 영미는 어떻게 되었을까요? 새로운 가족의 모습을 보여 주는 책입니다.

친구, 그리고 그 밖의 이야기들

아이들의 생활에서 가장 중요한 것은 친구가 아닐까요? 가족의 품에서 벗어나 제일 먼저 관계를 맺는 것은 친구니까요. 그리고 삶이 끝날 때까지 끊임없이 새로운 친구들을 만나 서로의 발전에 도움이 되기도 하고 상처를 받기도 합니다. 어른들은 가끔 이야기하지요. 인생에 진실한 친구 셋이 있다면 성공한 인생이라고요. 아이들이 살아가는 데 있어 중요한 우정, 이 감정을 잘 키워 주어야겠습니다.

《커피우유와 소보로빵》은 큰 아이들이 볼 수 있는 책입니다. 이 책에는 인종을 뛰어넘는 우정의 이야기가 펼쳐집니다. 독일의 극우적인 사고도 엿볼 수 있고요. 얼굴빛이 커피우유색을 닮은 샘과 주근깨가 많아 소보로빵을 닮은 보리스의 이야기입니다. 파란만장한 사건들을 슬픔과 차별의 벽을 넘어 환한 웃음과 감동으로 전해 주는 이 책은 우정이란 국경과 인종과 모든 조건을 넘나들 수 있음을 보여 줍니다.

좋은 선생님을 만난다면 아이의 미래도 달라질 수 있습니다. 좋은 선생님의 표상이 들어 있는 《우리 선생님이 최고야!》는 아이들을 행복하게 합니다. 꼬마 생쥐 릴리는 학교 가는 게 무척이나 즐겁습니다. 선생님이 굉장히 멋지거든요. 릴리에게 선생님이 싫어지는 큰 사건이 일어납니다. 할머니가 사 준 예쁜 선글라스, 반짝반짝 빛나는 동전과 보라색 가방을 친구들에게 자랑하려고 갖고 놀다가 선생님께 뺏기고 맙니다. 화가 난 릴리는 그렇게 되고 싶던 선생님도 절대로 되지 않기로 합니다. 릴리의 부모님은 선생님과 화해할 방법으로 편지를 쓰고 과자를 구워 줍니다. 릴리는 좋은 선생님을 소재로 한 책을 만들고요. 다음 날 선생님은 릴리의 편지와 과자를 보고 감탄을 합니다. 릴리는 다시 선생님이 되고 싶어 해요. 물론 다른 것이 되고 싶지 않을 때에만!

이렇게 행복한 아이만 있는 것은 아닙니다. 《지각대장 존》의 선생님은 엄청 권위적입니다. 존은 학교 가는 길에 악어도 만나고, 사자도 만나고, 파도에 휩쓸려 갈 뻔하는 어려움을 겪느라 늘 지각입니다. 선생님은 존의 말을 전혀 믿지 않습니다. 선생님의 무거운 체벌이 계속 이어집니다. 어느 날은 아무 일도 일어나지 않아 학교에 제시간에 도착한 존! 그 앞에 펼쳐진 장면, 선생님이 털북숭이 고릴라에게 잡혀 천장에 매달려 있는 것이었지요. 구해 달라 소리치는 선생님께 "이 동네 천장에 커다란 털북숭이 고릴라 따위는 살지 않아요, 선생님!" 하고 돌아서서 나옵니다. 끝내 둘의 화해는 없단 말인가요?

아이들에게 용기를 심어 주는 책으로는 《용감한 아이린》이 있습니다. 용기를 가지라는 백 마디의 말보다도 한 번 읽은 이 책이 더욱 용기를 심어 줄 것입니다. 아이린은 작은 여자 아이예요. 엄마가 만든 백작 부인의 드레스를 갖다 줘야 하는데 해는 지고 바람은 세고 눈은 내립니다. 아이린은 아픈 엄마 대신 당당하게 백작부인의 집으로 향하지요. 하지만 눈과 바람이 미친 듯이 내리고 불어대더니 드레스를 가져가 버립니다. 눈과 바람이 아이린마저 눈구덩이 속에 처박고 맙니다. 그 순간 엄마를 떠올리며 눈 밖으로 간신히 빠져나옵니다. 빈 상자를 썰매처럼 타고 갑니다. 썰매가 멈춰진 그곳에 기다리고 있는 것은 백작부인의 드레스! 아이린은 그 옷을 무사히 전달했습니다. 눈 때문에 길이 없어져 되돌아갈 수 없게 된 아이린은 꼬마 숙녀로 파티에 참석하게 됩니다. 이만하면 용기의 대가가 되었나요?

이웃에 대한 이야기도 있습니다. 《우당탕탕 할머니 귀가 커졌어요》에는 아래층 할머니의 등쌀에 점점 작아져 가는 아이들이 나옵니다. 까다로운 아래층 할머니 때문에 생쥐처럼 조심조심 살던 윗집 아이들은 점점 생기를 잃어 갑니다. 그런데 할머니의 귀가 이상해졌네요. 윗집 소리를 들으려 노력하면 할수록 점점 귀가 커지는 겁니다. 할머니는 윗집 소리를 듣지 못해 오히려 병이 난 거예요. 아랫집 때문에 스트레스를 받았던 아이라면 아주 재미있게 읽을 수 있겠지요. 윗집의 소리에 공포를 느낀 어른이라면 할머니의 귀처럼 되지 않도록 소리를 내 주는 윗집을 좋아해야 할 겁니다.

셋째 상자
연령별 책 찾아주기

교육청이나 도서운동 단체 등에서 책 읽기를 안내하기 위해 마련한 '권장도서 목록'이 있습니다. 이 목록은 편의상 아이들의 '나이'를 척도로 해서 길라잡이를 한 것입니다. 그런데 나이나 학년으로 구분을 해 놓았더니 엄마들의 오해가 있었어요. 특정 나이와 특정 학년이 되면, 권장도서 목록의 나이와 학년에 맞추어 이 책들을 꼭 읽혀야 한다는 강박관념이 생긴 거죠.

"그거 너한테는 너무 쉬워. 너보다 어린 애들이 읽는 거야."

"그 책 너무 어려워. 언니 오빠들 읽는 거란 말이야."

아이들의 책 나이를 고려하지 않은 채 신체 나이만 따져 한 말이라면 문제가 심각합니다. 나이가 같다고 모두 키가 똑같지 않듯이 책 나이도 아이들 따라 다 다릅니다. 책을 어려서부터 많이 읽은 아이는 책 나이가 높을 것이고 책에 노출이 덜 된 아이는 상대적으로 책 나이가 어릴 것입니다. 또 책 나이와 상관없이 취향에 따라 달라질 수도 있고요. 혼자 읽는 책은 조금 쉬운 것이 좋고 읽어 주는 것은 조금 어려워도 괜찮습니다. 우리 아이의 독서 수준을 높여 주고 싶다면 조금 어려운 책도 살짝 얹어 주면 되지요. 연령별 나누기는 그야말로 편의상 나누는 것이라는 점을 잊지 말아야 합니다.

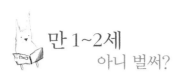

만 1~2세
아니 벌써?

첫돌 이전의 아이들에게 그림책은 책보다는 장난감으로서의 의미가 크겠지요. 주로 사물 그림책이나 아주 단순한 그림책이 좋은데, 아이가 쉽게 손에 쥐고 넘길 수 있는 크기로 색과 그림이 확실하며 견고한 것으로 골라 줍니다. 아이가 잘 알고 있는 내용이 나오는 사물 그림책이나 경험한 일을 내용으로 하는 생활 그림책도 좋지요. 사물 그림책의 경우 사진이든 사실적 그림이든 상관없이 다양하게 보여 주세요. 어차피 많은 경험을 시키고 사물을 인식시키고 눈의 초점을 길러 주고 말의 재미를 알게 하는 나이니까요. 책을 만든 소재도 종이를 벗어나 헝겊 그림책이나 비닐 그림책도 있고 입체 책도 있답니다.

이 나이의 아이들에게 오랫동안 인기 있는 책은 딕 브르너의 책들입니다. 그야말로 선이 아주 단순하고 모든 사물들이 정면을 향하고 있습니다. 바탕의 색깔은 주황, 연두, 파랑으로 색이 강렬하고 단순하지요. 다루고 있는 내용도 다양하답니다.

사물을 비교하는 것을 놀이처럼 만든 《무엇이 무엇이 똑같을까?》

는 흑백의 그림이 오히려 편안함을 느끼게 해 주는 책입니다. "무엇이 무엇이 똑같을까? 젓가락 두 짝이 똑같아요." 노래를 부르면서 책을 읽어 주면 아이들이 좋아하지요. 책을 덮고 노래에 아이의 신체를 붙여 주거나 집안의 사물을 넣어 불러 줘도 재미있습니다.

《야옹이가 제일 좋아하는 색깔은》이란 책은 색을 알려 주기에 좋아요. 화면 가득 보슬보슬한 고양이 한 마리가 아이에게 물어보듯이 좋아하는 색깔을 묻고 대답하는 형식으로 돼 있어 아이들이 참 좋아합니다.

《나의 크레용》도 이 연령의 아이들이 좋아하는 책입니다. 아이가 손에 힘이 조금씩 생기기 시작하면 뭔가를 잡고 그리기 시작합니다. 연필은 너무 섬세하니 크레용이 좋겠지요. 그때쯤 이 책을 보여 주면 어떨까요? 코끼리가 파란 크레용으로 커다란 원을 그렸더니 개구리가 연못인 줄 알고 뛰어들었어요. 빨간 크레용으로 그림을 그리자 동물들은 불이 난 줄 알고 도망을 칩니다. 화가 난 동물들에게 혼이 나도 코끼리는 계속 그리고 싶어 합니다. 혼나도 계속 낙서하고 싶어 하는 아이들이 코끼리가 아닐까요?

《사과가 쿵!》은 상상력의 극대를 보여 주죠. '사과가 쿵!' 하고 떨어졌지요. 동물들이 하나씩 등장하고 각자 맛있게 먹기만 합니다. 나중에는 곰도, 기린도 나타나 아삭아삭! 우적우적! 씹어 먹지요. 그런데 비가 오네요. 사과를 맛있게 먹었던 동물들은 사과 우산 속에서 비를 피합니다. 이 책을 읽을 때는 책에 나온 그대로 사과를 먹는 소리만 읽어 주면 됩니다. 덧붙이면 군더더기가 되어 책을 읽어 주는 재미나 책을 듣는 재미가 적어집니다.

《싹싹싹》《손이 나왔네》《구두구두 걸어라》《달님 안녕》은 앞에서 이야기했으니 더 하면 사족이겠지요?

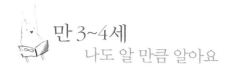
만 3~4세
나도 알 만큼 알아요

서점에 아이들이 모여들면 참 신기한 일이 생겨납니다. 엄마와 아이가 같이 오지만 엄마는 엄마끼리 아이들은 아이들끼리 모여들어요. 함께 모여 노는 모습을 보면 참 신기하지요.

'쟤네들이 말이 통하나?' 하는 의문이 들 정도로 아이들끼리 잘 놉니다. 우는 친구를 달래 주는 아이도 있고 뭐라 야단치는 아이도 있습니다.

이 나이의 아이들은 어른이 하는 말을 차츰 이해할 수 있게 되고 아이끼리도 이야기가 통하게 됩니다. 호기심과 상상력도 풍부해져서 질문도 합니다. 3세 전후는 이야기가 조금 많아지는 그림책을 읽어 줘도 좋아요. 말에 대한 능력이 눈에 띄게 발전하니까요.

《곰 사냥을 떠나자》는 책이 조금 큰 편입니다. 색이 칠해진 면과 칠해지지 않은 흑백의 그림이 번갈아가며 등장합니다. 문제가 앞을 가로막으면 흑백 그림이 나타나고 문제의 해결책은 밝은 색깔이 펼쳐집니다. 그림 자체도 '꿍 짝 꿍 짝' 하는 운율이랍니다. 곰과 마주친 뒤

도망 오는 장면은 한 장면 안에 작은 화면으로 아이들이 도망치는 장면을 숨 가쁘게 그렸답니다. 읽어 주다 보면 숨이 찰 지경이에요. 왜냐고요? 곰이 뒤에서 따라오니까요.

《달님이 본 것은?》에는 반대의 개념이 아주 쉽게 표현되어 있습니다. 달님이 세상 구경을 제대로 한 적이 없다고 투덜대자 해님은 세상 구경을 시켜 줍니다. 세상 모든 것을 다 볼 수 있어서 운이 좋다는 해님에게 달님은 말합니다. 어둠은 볼 수 없다고! 해님과 달님도 반대였네요.

수수께끼 놀이로 되어 있는 《누구 그림자일까?》는 꼬리에 꼬리를 무는 그림자 찾기 놀이지요. 그림자만 보고 무엇일까 궁금증을 갖고 확인하고, 정말 재미있는 책입니다.

이 나이의 아이들이 좋아하는 것 중에는 탈 것이 있습니다. 특히 남자 아이들은 탈 것에 대한 집착이 유난히 크죠. 탈 것들이 나오는 책을 펼쳐서 머리맡에 두고 자기도 합니다. 아이가 좋아하는 것이 등장하는 책을 보게 해 주면 책을 아주 좋아하게 되겠지요. 탈 것에 대한 책으로는 《기계들은 무슨 일을 하지?》《냄새차가 나가신다!》《덜컹덜컹 트럭》《무얼 타고 갈까요?》《애앵애앵 불자동차》《화물 열차》 등이 있습니다.

만 5~6세
보고 싶은 책이 너무 많아요

　책을 읽어 주기에 가장 좋은 나이입니다. 그동안 개념도 어느 정도 익혔고 그림도 익숙하게 보아 왔고 무슨 말인지도 아니까요. 이 나이의 아이들에게 책을 읽어 주는 일은 참 행복한 일입니다. 이때 부모와 아이의 정서적 친밀감이 거의 다 형성될 겁니다. 이제 아이들은 약간 복잡한 이야기 구조도 이해하고 과학 그림책도 볼 수 있어요. 하지만 함정에 빠지기도 쉽습니다. 아이가 글자를 읽기 시작하거든요. 그럼 엄마, 아빠는 얼른 아이들에게 직접 읽히려 합니다. 하지만 이때는 내용보다는 글자를 읽을 뿐이니 책 읽어 주기를 게을리 하면 안 됩니다. 처음에는 자기가 읽는 것이 소리가 되어 나오는 것이 신기해서 열심히 읽어도 글자를 읽을 뿐 부모님이 읽어 줄 때 느끼는 기쁨의 반도 안 되니까 그런 일이 자꾸만 반복되면 책 읽기를 싫어할지도 모릅니다.

　《안 돼, 데이빗!》은 만 5~6세 아이들의 특성을 아주 잘 나타냈습니다. 데이빗은 하고 싶은 것마다 아니, 하는 것마다 엄마의 제제를 받습니다. 목욕탕에서 물장난하기, 밥 먹을 때 떠들기, 집 안에서 뛰기, 어

항 넘어뜨리기, 집 안에서 야구하기 등 그야말로 위험천만 아수라장입니다. 그래도 엄마는 아이를 사랑한다는 분명한 메시지가 전해집니다.

화가 나는 아이의 마음을 표현한 책도 있습니다. 이 시기의 아이들은 화가 났을 때 자신을 통제해 나가는 방법을 배워야 하잖아요. 《쏘피가 화나면-정말, 정말 화나면》이 그 방법을 알려 줍니다. 언니에게 장난감을 뺏기고 너무 화가 나 밖으로 뛰쳐나온 쏘피는 지칠 때까지 달리고 실컷 울고 나서 마음이 가라앉아 집으로 돌아옵니다. 강렬한 선과 두꺼운 테두리 그림은 힘이 넘쳐 보입니다. 남에게 화내고 때리고 부수는 것보다 자기 스스로 감정을 가라앉히는 우리의 쏘피, 좀 더 성숙한 아이가 되었겠지요?

이 나이의 아이들은 유치원 생활을 합니다. 유치원에 다니면서 처음으로 가족 이외의 남이나 이성에 대해 색다른 느낌들을 받습니다.

이런 마음을 담은 책 《사랑에 빠진 개구리》에는 하양 오리를 사랑하는 초록 개구리의 용감한 사랑 이야기가 펼쳐집니다. 누군가를 사랑하는 마음, 그 설렘이 잘 나타나 있습니다. 생김새가 달라도 사랑할 수 있다는 잔잔한 이야기입니다.

동생은 돌볼 대상일 뿐만 아니라 내 것을 온통 차지하는 골치 아픈 경쟁자이기도 합니다. 《피터의 의자》에 등장하는 주인공 피터에게 동생이 생깁니다. 동생 수지는 집안의 주인공입니다. 수지 때문에 조용히 해야 하고 게다가 자신의 물건은 어느새 하나씩 분홍색으로 칠해져 동생 수지의 것이 되고 맙니다. 피터는 화가 나 강아지와 함께 액자 하나, 의자 하나를 들고 집을 나와 버립니다. 피터는 의자에 앉으려 하지만 너무 작아서 앉을 수가 없습니다. 이제 피터가 해야 할 일은 무엇일까요? 작아진 의자를 아빠와 함께 분홍색으로 칠합니다. "동생에게 양보해라" 말할 필요가 없겠지요?

나누는 기쁨도 가르쳐야 할 나이입니다. 그런데 초등학생이 되었는데도 나누는 방법을 배우지 못해 이기적으로 자라는 아이들이 의외로 많습니다. 과자를 가져와선 짝꿍에게 먹어 보란 말도 없이 야금야금 혼자 먹는 모습은 참 슬픈 광경이지요. 먹는 것도 못 나누는데 하물며 자기의 소중한 것을 나누어 주기는 더 쉽지 않겠지요. 하지만 고민 끝에 나누어 주기를 선택한 물고기가 있어요. 그것도 자기 몸에 있는 반짝이는 무지갯빛 비늘을! 《무지개 물고기》의 무지개 물고기가 처음부터 비늘을 나누어 준 것은 아니에요. 빛나는 비늘을 달라는 친구의 부탁을 거절하는 바람에 물속에서 왕따가 됩니다. 결국 나누지 않으면 안 된다는 것을 깨달은 후의 실천이랍니다.

이 시기의 아이들은 상상력이 쑥쑥 자라기 시작하기 때문에 기발한 작품을 보여 주는 것이 좋겠지요. 《머리에 뿔이 났어요》의 주인공 이모젠의 머리에 거대한 사슴뿔이 돋아납니다. 엄마는 너무 놀라 기절하지만 이모젠의 뿔은 다양하게 이용되지요. 크리스마스트리로도 쓰이고, 수건걸이로 사용되기도 하고 도넛을 꽂아 새에게 먹이기도 하지요. 자고 일어난 후 이모젠의 커다란 뿔은 사라졌지만 또 다른 무엇인가가 솟아납니다. 이모젠은 솟아난 그 무엇을 이번에는 어떻게 썼을까요?

즐거운 옛날이야기를 읽으며 상상력을 키워 보는 것도 좋지요. 《주먹이》는 주먹만하게 태어난 주먹이가 아버지의 주머니에서 떨어지면서 겪게 되는 아찔아찔 모험의 세계를 그립니다. 낚시를 간 아버지의 주머니에서 풀밭으로 떨어진 주먹이가 소한테 먹혔다가 똥으로 나오고 매한테 낚였다가 강물에 떨어지고 결국 다시 물고기 뱃속으로 들어갔다가 아버지한테 돌아오는 이야기입니다. 소 뱃속에서는 어떤 느낌이었을까요? 매랑 같이 하늘을 나는 기분은? 물고기한테 먹혔다가 나오지 못했다면?

《하나라도 백 개인 사과》를 보면서 한 가지의 사물에 대해 아주 다른 시각들을 가질 수 있음을 알 수 있습니다. 뛰어가는 아저씨는 소풍 갈 때마다 싸 가지고 다녔던 사과를 생각합니다. 농부 아저씨들은 길을 멈추고 기름진 밭에서 자란 사과가 분명하다고 감탄하고 화가 아저씨는 사과의 빛깔에 관심을 갖습니다. 이제 하나의 사과가 왜 백 개가 되는지 알겠지요?

성에 대한 관심도 많아지는 나이입니다. 《소중한 나의 몸》을 읽어 주세요. 우리 몸은 신나게 놀 수도 있고 먹고 자고 마음을 나눌 수도 있지요. 이 소중한 몸을 지키는 것은 바로 내가 해야 하고 누군가 나의 몸을 만진다면 싫다고 말할 수 있어야 함을 알려 줍니다.

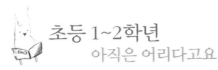

초등 1~2학년
아직은 어리다고요

　　이제 아이가 커서 초등학교에 들어갑니다. 그동안 즐기는 독서를 했다면 이제 마음이 조금씩 무거워지기 시작합니다. 책을 통해서 뭔가를 시켜야만 할 것 같은 강박관념을 갖게 됩니다. 하지만 초등학생이 되었다고 갑자기 독서 능력이 확 향상되는 것도 아니고 입학을 했나 안 했나 구분할 선을 가졌을 뿐이니 어제 하던 대로 오늘도 가볍게 읽어 주면 됩니다. 그리고 가끔 문자가 많은 책도 끼워 넣어 읽어 줘 보는 거지요. 혼자 읽는 책은 아직 그림책도 좋고요. 그 다음 짧은 단편 동화도 좋습니다. 이 시기의 아이들은 공을 들인 아이들과 그렇지 않은 아이들이 개인차를 보이기 시작합니다.

　　《우리가 정말 알아야 할 우리 옛이야기 백가지》에 나오는 '닭값과 모이값'은 억울한 농부 이야기입니다. 한 욕심 많은 부자 영감이 가난한 사람들에게 땅을 빌려 주고는 수확물을 절반도 넘게 가져갑니다. 어느 날 농사꾼들이 영감네 마당을 빌려 콩 타작을 하는데 병아리가 다가와 도리깨에 맞아 죽었습니다. 영감은 병아리 값으로 열다섯 냥을 물어내라고 하면서 생떼를 썼어요. 현명한 마을 원님은 이 사건을 어떻게 해결할까요?

초등학교 저학년 때는 그림으로 표현하는 활동들이 많이 있습니다. 그림에 대해 어려워하는 친구들은 학교생활이 조금 힘들겠지요. 그림책을 많이 보면 이런 어려움이 해결됩니다. 《피튜니아, 공부를 시작하다》와 《피튜니아, 여행을 떠나다》를 보면 그림이 제멋대로입니다. 피튜니아는 교만한 암거위입니다. 피튜니아가 끝없이 교만해져서 화면 밖으로 나가 버리고 몸만 남아 있기도 하고 폭죽이 터진 마당에서 동물들이 이리저리 뒹굴기도 합니다. 도시로 여행을 간 피튜니아는 선이 되었다가, 아주 작은 점이 되었다가 합니다. 왜냐하면 옆의 동물과 건물들이 너무도 어마어마하게 커서입니다. 하나의 점에 불과했던 피튜니아는 고향 농장으로 돌아와 다시 정상 크기로 돌아온다는 이야깁니다.

《아기 오리들한테 길을 비켜 주세요》에서 차는 거대한 괴물로 그려집니다. 아기 오리들이 무서워할 만하죠. 위에서 내려다보는 장면도 나오고, 어둠 속의 모습들은 그냥 검은 점에 불과합니다. 이렇게 자유로운 표현들을 자주 대한다면 그림 보기가 편해지지 않을까 싶습니다.

《움직이는 건 뭐지?》는 운동과 힘의 개념을 담은 그림책입니다. 여러 가지 상황을 설정하여 그 속에서 아이들이 운동할 수 있는 구조, 운동의 원인인 힘을 찾아내게 합니다. 움직이는 사물에 대한 이야기뿐 아니라 그 움직임이 어떤 역할을 하는지도 알려 줍니다. 에너지나

힘, 운동의 상관관계를 느낄 수 있지요.

주변에 늘 나와 같은 사람만 있는 것은 아닙니다. 몸이 불편한 사람 혹은 마음이 불편한 사람들을 어떻게 대할까요? 《깃털 없는 기러기 보르카》에는 태어날 때부터 깃털이 없이 태어난 보르카가 나옵니다. 보르카는 형제와 부모의 관심을 받지 못합니다. 어둠 속에서 울던 보르카는 가족이 모두 따뜻한 곳으로 떠나 버리자, 쉴 곳을 찾아 들어간 배 안에서 동등한 대우를 받게 됩니다. 선장은 보르카를 큐가든에 데려다주고 그곳을 지나갈 때마다 보르카를 보러 갑니다. 우리의 정서와는 조금 다른가요? 가족의 모든 문제를 가족이 끌어안고 가야 한다는 전통적인 가족관에는 조금 벗어나지요. 이 책을 읽고 보르카를 큐가든에 보낸 것에 대해 토론해 볼 수 있어요.

1~2학년 정도의 아이라면 우리나라의 상황을 인식할 때가 되었습니다. 전쟁이나 분단에 대한 이야기를 아주 쉽게 그려낸 책을 보여 준다면 도움이 되겠지요. 금강이와 초롱이는 신랑 신부가 될 거라며 친하게 놀고 있네요. 어느 날 전쟁이 일어나고 우리 편이 아닌 친구에

제4장 보물 상자 찾아주기

대해서는 이야기도 꺼내면 안 되는 세상이 되었습니다. 우리나라의 슬픈 상황이 잘 드러나 있는 이 책은 《시냇물 저쪽》입니다. 《왜?》는 전쟁이 왜 일어나는지 그 궁금증을 풀어 줍니다. 개구리와 생쥐는 꽃 한 송이 때문에 싸움을 합니다. 작은 이기심과 욕심 때문에 전쟁이 일어나는 것임을 잘 보여 줍니다. 이 어처구니없는 싸움으로 인해 평화롭던 들판이 얼마나 황폐해지는지 말 한마디 없는 이 책은 잘 보여 줍니다. 결국 전쟁이란 모든 것을 파괴해 버린다는 것을요.

원수를 갚는다! 아이들은 가끔 생각합니다. 그런 마음이 담긴 책 《아툭》이 있습니다. 자기의 생일 날 선물로 갈색 개와 썰매를 받습니다. 아툭은 자신의 사냥개 타룩이 사냥에 따라갔다가 늑대에게 물려 죽자 타룩의 복수를 결심하고 활 쏘는 법과 썰매 개를 모는 법, 카약을 조정하는 법을 익힙니다. 결국 뛰어난 사냥 실력을 갖추게 된 아툭은 늑대를 죽여 복수를 합니다. 하지만 마음속에는 허전함만이 자리 잡습니다. 아툭은 복수만이 전부가 아니라는 것을 깨닫습니다. 피어

있는 작은 꽃을 보며 사랑을 알게 된답니다.

　나에서 우리로, 우리 집에서 다른 지역으로 시각을 넓힐 때가 되었지요? 《어린이를 위한 우리나라 지도책》을 보여 주세요. 우리나라의 지리와 문화가 지도에 그려져 있습니다. 우리나라의 지리적 위치와 각 지방의 특징과 특산물, 문화유산이 들어 있답니다.

　세계의 문물을 알아보는 책 《마들렌카》도 봐야겠지요. 마들렌카는 넓은 우주 속의 한 행성, 그 행성의 한 대륙, 그 대륙의 한 나라, 그 나라의 한 도시, 그 도시의 한 집에 있는 어린 소녀이지요. 마들렌카가 만나는 여러 나라 사람들의 이야기입니다. 사이사이에는 책에 등장하는 나라의 특징이 자그맣게 소개되어 있고, 그 나라 특유의 느낌을 전하는 그림이 그려져 있습니다. 다양한 시점에서 전개되는 그림의 구도도 재미있습니다.

　내가 갖고 싶은 것이 길에 버려져 있다면 어떻게 할까요? 《노란 양동이》에서 그런 의문을 풀어 볼 수 있습니다. 노란 여우는 노란 양동이를 갖고 싶어 했는데 어느 날 길에서 발견을 합니다. 너무나 잘 어울린다는 친구들의 말도 뒤로 한 채 자기 것이 아니니까 일주일을 기다려 보기로 합니다. "너라면 어떻게 할래?" 하는 질문을 시작으로 토론을 해도 좋겠지요. 우리 아이의 생각을 알 수 있답니다.

　수학에 대해 아이들은 어떤 생각을 가지고 있을까요? 혹시 너무 어렵다고 생각하는 것은 아닐까요? 《수학은 너무 어려워》에 아이들의 마음이 담겨 있습니다. 수학을 너무 싫어하는 로리타는 자기에게 주어진 문제를 자기 식으로 재미있게 풉니다. 학교까지의 거리를 재기 위해 자전거를 타고 직접 가 봅니다. 글쎄 그 문제를 제대로 풀었을까요?

혼자 책 읽기에 흥미를 붙인 아이라면 《화요일의 두꺼비》를 읽어 내는 것은 식은 죽 먹기입니다. 발랄한 두꺼비 워턴과 겁쟁이 올빼미의 친구 사귀기입니다.

단행본으로 나와 있는 옛날이야기를 읽혀도 좋아요. 재미있어서 읽기도 좋고 아이들의 상상력 자극이나 우리 민족의 정서를 전해 줄 수 있으니까요. 《호랑이 뱃속에서 고래잡기》는 만화 형식의 해학적인 삽화가 내용을 더 재미있게 해 줍니다. 호랑이 뱃속에서 고래를 잡다니? 상상만으로도 즐겁지요.

조금 두껍더라도 단편 모음집을 줘 보세요. 단편 모음집이니 나누어 읽으면 되니까요. 일단 끝낸다면 두꺼운 책을 읽었다는 자부심이 들어 두꺼운 책에 대한 부담감을 줄일 수 있습니다. 《개 한 마리 갖고 싶어요》는 다른 나라의 생활동화를 모아 놓은 책입니다. 이미 그림책으로 나와 있는 이야기들도 들어 있어서 그림책과 글줄로 되어 있는 동화책의 느낌이 어떻게 다른지도 알 수 있을 겁니다. 이 책에 나오는 동화를 보면 나라는 달라도 아이들의 마음은 똑같음을 알 수 있지요. 아이들도 나만 그런 건 아니라는 걸 절실히 느끼고 마음을 놓지 않을까요?

초등 3~4학년
조금 어려워도 괜찮아요

    책을 꾸준히 읽어 온 아이라면 중편도 너끈히 읽어 내지만 그렇지 않다면 책 읽기가 어려울 수 있는 시기입니다. 자기의 수준과 외부에서 기대하는 수준이 다르기 때문에 혼자 수준 높은 책을 많이 읽기를 강요당하면 책을 싫어하게 됩니다. 계단을 오르지 않고 정상까지 한번에 갈 수는 없습니다. 제대로 책 읽기가 되어 있지 않다면 1~2학년 수준의 책을 읽혀도 됩니다. 그림책이나 단편 동화를 읽게 하면서 비교적 짧은 장편을 읽히기 시작해도 좋고 현실 세계에 눈을 떠 실제 겪은 생활 이야기를 소재로 한 창작동화를 읽게 해도 좋아요. 사실적 사고가 자라는 시기이므로 본격적으로 지식을 전달해 주는 책, 역사책, 인물책, 과학책, 사회책들을 읽을 수 있습니다.

    그림책 중에 내용이 조금 어려운 것들을 보여 줘도 괜찮아요. 작은 나무 사람인 웸믹들의 이야기를 다룬 《너는 특별하단다》의 2편인 《행복은 네 곁에 있단다》는 행복에 대한 책입니다. 웸믹들은 훌륭한 웸믹이 되기 위해 상자와 공을 모으기 시작합니다. 펀치넬로도 책, 침대를 팔고, 집까지 팔아 버립니다. 더 많은 상자와 공을 사기 위해 일만 하느라 친구와 놀 시간도 없지요. 웸믹들은 또 더 많은 상자와 공을 들고 먼저 높은 곳에 오르기 경쟁을 합니다. 상자와 공이 너무 많아 제대로 산을 오를 수 없는 건 당연하겠죠? 산을 오르던 펀치넬로도 다른 곳으로 오릅니다. 더 많이 갖기 위해 곁에 있는 행복을 볼 수 없고 누릴 수 없다면 얼마나 불행한 삶이겠습니까?

생활을 소재로 한 동화 《안내견 탄실이》는 책을 잘 읽지 못하는 아이들도 쉽게 읽을 수 있는 책입니다. 이 책에는 앞을 못 보게 된 예나와 안내견 탄실이가 나옵니다. 온갖 어려움이 닥쳐오고 결국 헤어져야 하는 운명에 처하는데, 마지막으로 둘은 하나로 마음을 합쳐 장애인 달리기 대회에 나갑니다. 물론 결론은 다시 같이 살 수 있게 되는 거죠. 예나를 따라가면 시각 장애인의 불편에 동감할 수 있을 것입니다.

《버들붕어 하킴》은 한동안 우리나라의 생태계 파괴 현상을 그려낸 책입니다. 양식하기 위해 수입한 외래어종이 관리 소홀로 냇가로 들어가 우리 생태계를 짓밟습니다. 거기서 지켜내기 위해 노력하는 우리 토종 물고기들의 이야기를 그려 낸 책입니다. 다양한 물고기들을 알 수도 있고 우리의 생태계를 잘 지켜내지 않으면 안 된다는 마음을 갖게 해 줍니다. 블루길과 베스와 싸우는 우리 물고기들의 처절한 싸움이 책을 잘 읽지 못하는 남자 아이들에게도 흥미를 갖게 합니다. 책에 등장하는 물고기들로 물고기 사전을 만들어 봐도 좋습니다.

외국의 아이들은 어떻게 생활할까? 궁금증을 달래 주는 책이 《느릅

나무 거리의 개구쟁이들》입니다. 이 책에는 씸을 비롯한 여섯 명의 개구쟁이들이 나옵니다. 크래키 영감님의 목욕통도 찾아주고, 대인기피증에 걸린 먼슨 할머니도 도와주는 등 개구쟁이들이라고 못된 짓만 하는 것은 아니에요. 우리의 아이들이 이렇게 활력을 갖고 살아가기를 소망해 봅니다.

아이들은 우리의 옛 그림을 얼마나 알고 볼까요? 《멋스러운 우리 옛 그림》은 고구려의 수렵도에서부터 고려 불화, 달마도, 민화들을 보여 줍니다. 그림만 있는 것은 아니고 그림과 관련된 일화나 그림을 이해하는 데 도움이 될 만한 이야기를 들려주고 그림을 설명하지요.

극지방은 미지의 세계처럼 우리에게 다가오지요. 이누이트가 자신의 잃어버린 삶의 터전에 대해 쓴 《내 어린 시절의 북극》에 새로운 세계가 펼쳐집니다. 육지 동물, 새, 물고기, 바다 동물들의 영혼을 모두 알고 있는 이누이트들! 북극이란 어려운 환경 속에서 수천 년 동안 고유의 문화와 생활 방식을 가지고 살아온 그들은 서구 문명의 유입으로 불과 백여 년 만에 파괴되고 말았지요. 그들은 어디로 가야만 할까요?

역사 공부를 서서히 시작해도 되는데, 처음 역사 공부를 시작할 때 《엄마의 역사편지》를 읽혀 주세요. 한국사와 세계사가 같이 쓰여 있는 이 책은 엄마가 딸에게 들려주는 식으로 되어 있어 편하게 읽을 수 있습니다. 전체의 흐름을 잡고 세세히 알고 싶으면 더 자세한 책을 읽으면 되겠지요?

글로 써지기 이전인 선사시대는 기록이 없어 알 수 없습니다. 그래서 유물이나 유적으로 추측할 수밖에 없는 시대가 선사시대입니다. 《선사시대》를 펼치면 시원한 느낌이 들고 여기저기 보고 생각할 거리들이 많이 있습니다. 책의 내용 중 설명이 많이 필요한 부분은 날개를 달아 펼쳐 볼 수도 있고 각 권의 마지막에는 큰 종이에 본문의 내용을 시대별로 간략히 정리해 놓아 한눈에 볼 수 있습니다.

사실적인 것들을 받아들이기 시작하는 시기이므로 본격적으로 인물 이야기도 읽혀 보세요. 인물 이야기를 고를 때는 사실적인 것이 좋습니다. 너무 과장되었거나 허구적인 것은 아이들에게 모델이 되는 것이 아니라 좌절을 느끼게 할 뿐이니까요. 아직은 긴 이야기보다 짤막한 이야기를 읽히는 게 좋습니다.

《세상을 바꾼 위대한 책벌레들》에는 세종대왕, 이덕무, 김득신 등 일곱 명의 이야기가 들어 있습니다. 가상 무대에서 아이들이 위인들과 직접 만나 주고받는 형식으로 꾸며져 있어서 더욱 재미있습니다. 이 책을 읽으며 자신에게 맞는 책 읽기 비법을 찾아내면 좋겠지요?

《겨레의 인걸 100인》은 100명의 인물들을 뒤죽박죽 섞어 놓았지만 만화로 되어 있어 아이들이 무척 좋아한답니다. 시간이 없을 때도 잠깐씩 틈나는 대로 짤막하게 한 사람씩 읽을 수 있어서 좋습니다. 게다가 만화로 되어 있으니 자투리 시간 활용에는 참 좋겠지요?

한자 숙어나 속담은 관용적인 표현들로 사용되니 이를 알고 있으면 책이나 대화를 이해하는 데 많은 도움이 됩니다. 《사고뭉치 한자 숙어 박사》는 만화로 이야기를 재밌게 구성해 흥미를 끈 후 글로 쓴

부분을 읽지 않으면 내용을 모르도록 궁금하게 만들어 놓아 글까지 읽게 해 주는 책입니다. 우리나라 말은 한자를 알아야 뜻을 제대로 알 수 있습니다. 많은 단어들이 한자어로 된 것이 많으니까요.

《속담 속에 숨은 과학》은 그야말로 일거양득이지요. 속담도 알고 과학도 알고. 속담은 대부분 규칙적으로 되풀이되는 자연 현상을 관찰한 것을 바탕으로 만들어진 것으로 의외로 과학이 숨어 있습니다.

우리 산과 들에 피는 풀꽃 이야기는 어때요? 우리 아이가 그냥 이 꽃 저 꽃, 노란 꽃, 하얀 꽃 하는 것보다 이름을 알고 불러 준다면 더 좋지 않을까요? 우리나라 자생 꽃들은 사계절이 뚜렷하고 반도라는 지형 특성상 다른 나라에 비해 종도 월등히 많고 아름답습니다. 겉표지부터 예쁜 우리 꽃들이 예쁘게 그려진 《김태정 선생님과 함께 떠나는 우리 꽃 나들이》를 보여 주세요. 30년을 들꽃을 찾아다닌 선생님이 들려주는 꽃 이야기가 담겨 있습니다.

돈에 대한 개념도 잡아야 하는 시기이기도 하지요. 어려서부터의 경제 교육이 아주 중요합니다. 《돌고 도는 돈》은 내용이 만만치 않습니다. 재화와 용역, 누진세, 국내 총생산 등 어려운 개념들을 아이들의 일상에서 쉽게 사용하는 단어와 실례를 통해 학습하도록 되어 있습니다. 개인의 경제활동부터 국가 간의 경제활동까지 경제를 보는 눈을 재미있게 키울 수 있도록 만화로 되어 있습니다.

아이들이 직접 그린 그림으로 신선한 자극을 주는 것도 좋습니다. 《연필을 잡으면 그리고 싶어요》에 나오는 아이들의 그림 솜씨는 놀라

울 따름입니다. 솜씨 있는 아이들만 그린 것이 아니고 한 반 아이들이 모두 참여해서 그렸다는 게 더 놀랍습니다. 살아 있는 그림을 그리게 해야겠다는 담임선생님의 교육의 결과입니다.

요즘은 오케스트라의 연주를 보는 아이들이 많고 어려서부터 다양한 음악 교육도 많이 받아 음악 수준도 매우 높습니다. 이런 아이들에게 한 번 더 정확히 오케스트라의 악기들을 알게 해 주면 음악과 더욱 가까워질 것입니다. 오케스트라를 구성하는 악기들의 연주 방식과 변천 과정을 한눈에 보여 주는《초등학생을 위한 오케스트라의 모든 것》은 바로크 시대의 음악에서부터 컴퓨터로 음악을 만들어 내는 현대까지 폭넓게 다루고 있습니다. 현악기, 금관악기, 목관악기, 타악기의 생김새도 비교해 볼 수 있습니다. 자, 흥미로운 악기의 세계로 들어가 보세요.

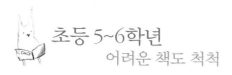

초등 5~6학년
어려운 책도 척척

    이 시기에는 아이들의 지식이 폭발적으로 늘어납니다. 정보 처리량도 늘고 다루는 분야도 아주 넓어집니다. 그러므로 다양한 분야의 책을 읽히는 게 좋습니다. 독서 바탕이 잘 되어 있다면 수준 높은 독서, 폭 넓은 독서를 할 수 있습니다. 하지만 독서력을 갖추지 못했는데 고학년이 되었다고 고학년에 맞는 책 읽기를 강요한다면 책을 멀리할 계기를 만들어 주는 것과 같습니다. 독서력이 덜 자란 아이들은 3~4학년 때와 같이 중편을 읽히고 더 나아가 장편을 읽히면 됩니다. 아이가 원한다면 장편을 조금씩 나누어 읽어 주는 것도 좋습니다. 읽어 주는 책이 흥미 있는 내용이라면 뒷부분이 궁금해서 자기 스스로 보기도 합니다. 기승전결이 뚜렷하고 실제 생활이 잘 드러난 동화가 좋습니다. 이야기를 통해 실제의 생활과 연결 지어 자신을 비추어 볼 수 있으니까요. 우리나라의 1920~1930년대 동화를 읽게 해 우리 역사에 대한 이해의 폭을 넓혀 주는 것도 좋겠죠. 조금 복잡하고 자세한 인물 이야기를 읽도록 해 줘도 좋아요. 최대한 폭 넓은 독서가 될 수 있도록 해야 합니다.

아이들이 컸으니 소외된 이웃에 대해서도 알아야겠죠? 우리나라의 소외된 계층을 그린 동화로 《괭이부리말 아이들》이 있어요. MBC의 〈책을 읽읍시다!〉의 프로에 첫 번째로 선정이 되어 이미 유명해진이 책은 우리 사회의 어두운 면을 그려낸 책입니다. 하지만 어둡지만은 않아요. 그들과 함께하려는 사람들도 있고, 또 어려움을 충분히 이겨낼 수 있으니까요. 함께 잘 사는 사회, 우리가 추구해야 할 세상이지요.

인생에 영향을 미칠 만한 책도 읽혀 주세요. 제가 아는 선생님 한분은 《나는 선생님이 좋아요》를 읽고 선생님의 꿈을 구체화시켰다고합니다. 이 책에 나오는 고다니 선생님처럼 소외되는 아이 없이 아이의 마음을 알아주고 이해해 주고 가지고 있는 장점을 찾아내 빛을 발할 수 있도록 해 주고 싶은 마음으로 선생님을 한답니다. 파리 외에는관심이 없는 데쓰조가 어느 날, 난폭하게 싸움을 하게 됩니다. 자기의마음을 열기 위해 노력하는 고다니 선생님에게 감동 받은 데쓰조는자신감을 갖고 자신의 가능성을 소중히 여기며 '파리 박사'가 되어놀랄 만한 성과를 올립니다. 모든 아이들 하나하나가 자신의 세계가있고 그것이 소중합니다. 고다니 같은 선생님을 만난다면 인생이 엄청나게 달라지겠지요?

일제 강점기를 배경으로 한 동화 《나비를 잡는 아버지》를 보면 그당시의 백성들의 삶이 얼마나 비참했는지를 알 수 있습니다. 마름의 아들 경환이와 소작농의 아들 바우의 당시 생활상을 대비하여 그리고 있습니다. 고작 방학 숙제인 나비 한 마리가 남의 집 식구 여름 나기 양식만도 못한 그 시대! 지금은 좀 나아졌나요?

이제 자세히 쓴 인물 이야기도 읽을 수 있는 나이가 되었습니다. 단편적으로 업적 위주로만 보기보다는 그 사람이 살았던 삶을 시대적 상황과 연결시켜 살펴볼 줄도 알아야 합니다. 큰 인물들의 공통점은 어려움을 극복해 냈다는 것입니다. 우리의 아이들도 인물의 이야기를 통해 어려움을 이겨낼 끈기와 용기를 가져야겠습니다.

《루이 브라이》는 세 살 때 아빠의 송곳을 가지고 놀다 앞을 못 보게 되었습니다. 루이 브라이는 맹인학교에서 공부를 하지만 점자의 체계가 너무도 어려워, 열네 살 때 쉽게 쓸 수 있는 알파벳 점자를 만들어 냅니다. 눈을 다쳐 앞을 보지 못했을 때 얼마나 좌절했겠습니까? 위인이란 어려운 일이 닥칠 때 맞서 싸워 이기는 사람들입니다.

민족주의자로서 우리의 현대사를 몸으로 살다 간 《백범 김구》도 어릴 적에는 엄청난 장난꾸러기에다 고집도 세고 얼굴도 못생겼답니다. 김구 선생님은 관상을 공부하다 자신의 인상이 흉상인 것을 알고 실망하지요. 하지만 《주역》에 '관상이 좋은 것은 심상이 좋은 것만 못하다'는 글을 읽고 심상을 좋게 갖자고 다짐합니다. 김구 선생님은 그 후 오로지 나라와 민족만을 생각합니다. 결국 뜻을 이루지 못한 채 암살을 당하고 말았지만 나라와 민족을 사랑하는 정신은 남아 겨레의 큰 스승으로 지금까지 존경 받는 인물입니다.

이 나이에는 독서의 폭을 넓혀 공부에 도움을 받으면 좋겠습니다. 옷에 관한 모든 것을 모아 놓은 《옷감짜기》는 그대로 옷에 대한 백과사전입니다. 인류의 옷에 대한 역사, 옷감의 종류와 그 옷감으로 만든 옷들, 옷감 짜기, 염색하기 등이 화려한 색채와 세밀한 그림으로 잘 나타나 있습니다. 《우리 조상들의 의식주 이야기》는 옷뿐만 아니라 먹는 것과 사는 곳에 대한 이야기까지 나옵니다. 원시 시대부터 조선 시대까지 우리 조상의 의식주를 이야기하듯 쓴 책입니다.

다른 나라에 대해 아는 것도 중요합니다. 바야흐로 세계화 시대인지라 언제 어느 나라에 가게 될지 모르잖아요. 《음식을 바꾼 문화 세계를 바꾼 음식》은 제목 자체부터 흥미롭습니다. 자, 내가 좋아하는 음식은 어떤 사연을 가지고 있나 한 번 읽어 볼까요?

우리나라 사람들은 이슬람에 대해 별로 아는 것도 없고 관심도 없습니다. 사실 우리나라에서 외화를 많이 벌어들인 곳도 중동일 텐데요. 25년여 전 우리 산업인력들이 대거 진출한 나라들이 바로 그곳이었으니까요. 우리나라의 경제에 지대한 영향을 주는데도 이들 이슬람 문화권에 대해 너무 모르는 게 아닌가 싶습니다. 바로 알고 싶다면 《어린이 이슬람 바로 알기》를 보세요. 이슬람 문화에 대한 폭넓은 이해가 생겨날 것입니다.

경제를 재미있게 배울 수 없을까요? 《열두 살에 부자가 된 키라》를 읽어 보세요. 키라가 처음부터 부자였던 건 아닙니다. 운 좋게 '머니'라는 개를 만나 관리를 받으면서 부자가 됩니다. 일정 수준 부자가 되니 부자 친구를 만나 도움을 받기도 합니다. 각각의 경제 위기 상황을 어떻게 넘겨야 하는지도 나오고 경제에 대한 어휘도 키울 수 있습니다. 제일 큰 소득은 키라처럼 부자가 되는 거겠지만 돈을 어떻게 하면 효율적으로 관리할 수 있는지 알게 되는 것도 아주 큰 소득이지요. 아이와 같이 읽고 키라처럼 해 보세요. 엄청난 부자가 될지 모르지요.

역사책은 이제 조금 자세한 것을 보아야 합니다. 《사진과 그림으로 보는 한국사 편지》 1~5권은 《엄마의 역사편지》를 쓴 사람의 책으로 이 책 역시 딸 세운이에게 들려주는 형식으로 되어 있습니다. 세운이가 질문을 던지고 엄마가 대답하지요. 사진과 그림이 있으니 더 잘 이해할 수 있습니다.

과학을 역사와 연관시켜 놓은 책도 있습니다. 도구 발명의 역사가 되겠습니다. 《돌도끼에서 우리별 3호까지》, 그야말로 우리 과학의 역사가 담겨 있습니다. 우리 과학의 발전이 시대별로 정리되어 있어 생활 모습까지 배울 수 있고 이해가 어려운 도구들은 작동 원리나 모습을 상세히 보여 줍니다. 과학에 대한 한국인으로서의 자부심을 가질 수 있습니다.

과학 중에서도 우주에 대한 이야기 읽어 보셨나요? 《별똥별 아줌마가 들려주는 우주 이야기》에는 우주에 대한 비밀이 숨어 있습니다. 우리 생활과 밀접한 관련이 있는 천문학적 지식은 물론 천문학사 속에 숨은 이야기들과 별과 우주에 얽힌 신화와 민담까지 들어 있습니다. 이 책을 읽다 보면 천문학 박사가 되어 있을지도 몰라요. 똑같은 것에 대해 다르게 부르는 북한 말과 우리말을 써 놓은 것도 재미있습니다.

인권에 대한 책도 읽어야겠지요. 아이들이 《사람은 누구나 평등해요》를 읽고 평등과 자유라는 기본 권리가 지켜지는 사회를 만들기 위해 노력하면 좋겠습니다. 아울러 자기 자신에게 이런 질문도 가져야 합니다. "나는 다른 사람의 인권을 존중해 주고 있나요?"

넷째 상자
글쓰기 능력 키워주기

독서는 책장을 덮는 순간 새롭게 탄생하는 것인지도 모릅니다. 책을 다 읽었다고 해서 그것이 곧장 아이들의 내면에 쏙 들어가는 건 아니니까요. 다양한 독서 후의 활동은 그래서 필요합니다. 책의 내용을 자기 것으로 만드는 과정은 내용 요약에서부터 다양한 방식이 있습니다. 자기 것 혹은 자신의 언어로 새롭게 말해 보는 과정에서 독서가 완성됩니다. 독후 활동의 핵심은 글로 자신의 느낌, 생각, 주장, 상상 등을 표현해 내는 것입니다.

생각과 생각한 것을 글로 표현하는 것은 엄연히 다릅니다. 책을 많이 읽었더라도 읽기만 하고 생각하지 않는다면 사고력을 키울 수 없습니다. 또한 글쓰기 훈련이 없다면 표현하는 데 애를 먹게 됩니다.

감상문
참 쉬워요

독서 감상문 쓰기는 가장 쉬워 보이지만 가장 어려운 일입니다. 독서 감상문 쓰기가 싫어 책을 읽지 않으려는 아이들도 많은 걸 보면 그렇습니다.

1학년 남자 아이가 서점으로 쑥 들어오더니 이 책 저 책 둘러보더군요. 남자 아이들 대부분은 《반쪽이》를 좋아하기에 이 책을 읽어 주었습니다. 힘을 추구하는 이 시기의 남자 아이들에게 아주 적절한 책입니다. 책을 읽어 주니 역시 그 아이도 책 속에 빠져듭니다. 이제 집에 가야 하는 시간, 당연히 그 책을 고를 줄 알았는데 돌발 상황이 벌어졌습니다. 갑자기 그 아이가 다른 책을 잡는 것이에요. 네 살 정도의 어린이가 읽는 책을 끝까지 잡고 그 책을 가져가겠다고 우기는 겁니다.

"책 읽고 독서 감상문 써야 해요. 더 짧은 책이 필요해요."

결국 그 애 어머니에게 전화해서 독서 감상문을 안 써도 된다는 확약을 받고서야 그 아이는 《반쪽이》를 안고 흐뭇하게 집으로 돌아갔지요.

진희는 책을 읽다가 잠시 후 들어온 태준이를 보더니 읽고 있던 책을 들고 옵니다.

"너, 이 책 봤어? 되게 재밌어. 반쪽인데 반쪽이가 진짜 용감해. 그리고 힘도 엄청 세다. 이거 봐, 이거 봐."

진희는 《반쪽이》를 펼쳐서 보여 주고 둘이 킥킥거리며 사이좋게 보고 있습니다. 그날은 마침 독서 감상문 쓰는 날이었습니다. 그 상황은 곧 수업으로 이어집니다.

"얘들아, 오늘 독서 감상문 쓰자."

"에이~"

"왜? 어때서? 아까 진희가 한 말이 다 독서 감상문이야. '이 책 봤어? 이 책 되게 재밌어.' 했잖아. 그걸 그대로 쓰면 독서 감상문의 처음 부분인걸. 처음 부분에 느낌 쓰잖아. 그리고 반쪽이는 되게 용감했다고 했지. 그걸 쓰면 되는 거야. 용감한데 어떻게 용감했어? 어떤 걸 보면 용감한지 알지? 그걸 쓰면 되고. 또 힘이 세다고 그랬지? 어디를 봐서 힘이 세니? 힘이 세다는 걸 어떻게 알았지? 또 반쪽이에 대해 더 쓸 거 뭐 없을까?"

"반쪽이는 지혜로워요."

금방 대답이 옵니다

"그래, 그걸 쓰면 되겠다. 그럼, 처음 부분도 되고 가운데 부분도 되고 끝부분도 되고. 책 내용과 느낌을 쓰면 되잖아."

그날 독서 감상문 쓰기는 그걸로 끝이었습니다. 아주 좋은 글들이 나왔지요. 아이들의 말을 그대로 이어 붙이기만 해도 좋은 감상문이 탄생합니다.

독서 감상문은 기본 형식에 따라 글을 쓰는 훈련을 거쳐야 합니다. 자유롭게만 쓰는 것은 전체적인 균형 감각을 놓치기 쉽습니다. 그러면서도 어느 정도 글쓰기 훈련이 된 아이들에게는 자유롭게 글을 전개하는 훈련이 필요하지요. 완고한 형식은 자유롭게 흘러나오는 아이들의 창의적인 발상을 억제할 수 있기 때문입니다.

대입 논술의 주요 채점 기준 가운데 하나가 '독창성' 부분인데, 이 독창성은 뭔가 새롭고 기발한 내용 제시에 있는 것이 아니라, 문제를 깊고 다각적으로 보는 데 있습니다. 독서 감상문 쓰기는 궁극적으로 자유로운 발상, 문제를 보는 참신한 눈을 다듬어 주는 효과적인 독서 후 활동입니다. 논술을 잘 하기 위해 독서 감상문을 쓰는 것이 아니라 독서 감상문을 쓰다 보면 논술도 잘 하게 된답니다.

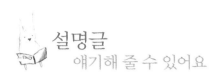

설명글
얘기해 줄 수 있어요

　설명글은 어떤 물건이나 사실 또는 현상 같은 것에 대해 누구든지 잘 알 수 있도록 풀이하여 쓴 글입니다. 설명글을 쓰며 자기가 새로 알게 된 지식이나 자기 체험을 정리하고 요약하는 힘을 기를 수 있습니다. 또 어떤 사실이나 생각들을 서로 견주어 보고 분석하며 종합하는 힘도 기를 수 있는 방법입니다.

　설명글을 쓸 소재를 읽은 책에서 가져와도 좋습니다. 재미있게 읽은 책을 친구에게 소개한다든지 책을 쓴 작가에 대해 알려준다든지, 책 속의 내용 일부를 설명한다든지, 책 속 인물을 파악해 어떤 사람인지 써 보는 것도 설명하는 글의 범주에 들어갑니다. 또한 읽은 책끼리 비교해 보고 어떤 점이 같은지, 어떤 점이 다른지를 써 본다면 설명의 방법 중 비교와 대조의 방식을 익힐 수 있습니다.

　저학년의 경우는 《갯벌이 좋아요》를 읽고 갯벌 생물에 대해 알게 된 것을 정리해 보고, 《숨쉬는 항아리》를 읽고 항아리가 만들어지는 과정을 글이나 그림으로 표현해 보아도 좋답니다. 《나무는 좋다》를 읽고 나무의 좋은 점을 정리해 보는 것도, 《열두 띠 이야기》를 읽고 열두 띠에는 무엇이 있나 그려 보고 특징적인 것들을 설명할 수도 있고요. 《세상에서 가장 유명한 미술관》을 읽고 이 책에 나오는 그림과 작가를 정리해 봐도 설명글의 기본이 잡힙니다.

고학년의 경우는 《밥 힘으로 살아온 우리 민족》을 읽고 우리 전통 음식에 대해 설명해 보고, 《돌도끼에서 우리별 3호까지》를 읽고 마음에 드는 발명품을 하나 골라 그것의 특징과 사용용도, 역사 등을 써 본다면 이 역시 설명하는 글이 됩니다. 《정약용의 편지》를 읽고 정약용이 주장하는 바를 찾아 써 보는 것도 같은 활동입니다.

과학책이나 지식책, 위인전 등은 설명문의 소재로 쓰이기 좋고 문학책의 경우도 얼마든지 설명문으로 연결시켜 글을 써 볼 수 있습니다. 설명하는 글은 아이들이 공부한 내용이나, 책을 읽고 자기 것으로 소화해 가는 첫걸음이어서 매우 중요합니다. 아이들의 내용 이해도나, 추가적으로 필요한 독서 안내 등을 부모님이 쉽게 파악할 수 있는 활동이기도 합니다.

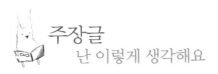

주장글
난 이렇게 생각해요

　　주장하는 글은 자신의 주장을 글로 나타낸 것을 말합니다. 자신의 주장을 이치에 맞게 제시함으로써, 다른 사람들이 자신의 주장에 동조하거나 같이 행동해 주기를 간절히 바라는 글입니다.

　　주장하는 글의 소재를 생활 속에서 찾을 수도 있지만 책을 읽고 거기에서 주장의 소재를 찾을 수도 있습니다. 《최열 아저씨의 지구촌 환경 이야기》를 읽으면 넓게는 환경에 대해, 좁게는 물 문제, 쓰레기 문제, 먹을거리 문제들에 대해 주장할 거리를 많이 발견합니다. 《위대한 발명품이 나를 울려요》를 읽으면 발명품에 대한 주장거리들도 많이 갖게 됩니다. 이때 어떤 주제를 정해 주장을 하면 이유를 내세워야 하고 설명을 해 주어야 하는데, 책의 내용에서 충분히 이유와 그것을 설명할 내용들을 찾을 수 있으므로 쉽게 주장할 수 있습니다. 《갯벌》을 읽고 갯벌 간척에 대한 자신의 주장을 정리할 수 있겠지요. 《찾아라, 고구려 고분 벽화》를 읽으며 고구려 문화재에 대해 가져야 할 바람직한 태도를 주장할 수도 있습니다. 《톰 아저씨의 오두막》을 읽으면 인권 문제에 대해 주장할 거리들이 생깁니다. 이와 같이 모든 책은 자기 주제를 가지고 있기 때문에 그 주제에 대해 자기의 견해를 정하고 나면 주장거리들을 많이 발견할 수 있습니다.

책의 주제를 찾고, 주제에 대한 자신의 견해를 밝히고 주장의 근거들을 책 속의 상황에서 찾아내 글로 표현하면 아이들의 사고력이 쑥쑥 자라는 걸 알 수 있습니다. 주장하는 글을 보면 아이들이 어떤 생각을 하고 있는지, 주어진 문제에 대한 자신의 해결책이 어떤 것인지를 잘 알 수 있습니다. 부모님의 주장과는 어떻게 다른지 이야기를 나눠 보는 활동이 이어진다면 더욱 좋겠죠.

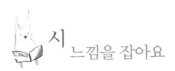 시 느낌을 잡아요

글쓰기를 지도하다 보면 가르치는 사람은 가장 부담스럽고, 쓰는 아이들은 가장 쉽게 하는 것이 시 쓰기입니다. 가르치는 사람들 자신이 시를 쉽게 써 본 적이 없어서 그렇습니다. '시' 하면 의당 멋진 말이 나와야 한다든지, 의미를 함축적으로 표현을 해야 한다든지, 여러 가지 비유법이 들어가야 한다고 생각하기 때문일 것입니다. 아이들의 경우는 글에 대한 편견이나 선입견이 없어서 그런지 아주 좋은 시를 많이 씁니다.

어린이 시를 읽고 감동을 받는 경우도 많습니다.

언젠가 친구를 만났더니 이러는 겁니다.

"우리 언니가 '비오는 날 일하는 소'를 읽고 눈물을 흘리네. 너무 가슴이 짠하대."

그 친구는 이호철 선생님이 지도한 아이가 쓴 '비오는 날 일하는 소'가 훌륭해 냉장고에 붙여 놨더니 놀러 온 언니가 그것을 읽고 "이런 시를 누가 지었느냐"며 감동을 받았다는 것입니다.

어린이 시의 경우 가장 큰 특징은 순간의 느낌을 잡아서 표현하는 힘이 뛰어나다는 것입니다. 아이들이 실제로 보고 겪고 느낀 것에서 자기만의 생각과 감정을 잡아 표현하면 좋은 시가 됩니다. 아이들에게 이것은 어려운 일이 아닙니다.

"사람은 누구나 화가로 태어나지만, 어른이 되면서 자기 안의 화가를 잃어버린다"는 피카소의 말은 아이들의 시 쓰기에도 적용할 수 있습니다. 때 묻지 않고, 불필요한 정보에 노출되지 않고, 간단한 감정만으로도 사물과 소통할 수 있는 능력은 시인이 소망하는 능력이기도 합니다.

〈구운 벌레 먹는 법〉(감독 – 밥 돌만, 2006)이란 재미있는 영화가 있습니다. 아이들이 자신이 내뱉은 말에 책임을 지고, 자신을 괴롭히는 일에 용기 있게 맞서는 내용을 다룬 영화인데, 이 영화에 나오는 아이들은 너무나 자연스럽게 또래 아이의 때 묻지 않은 '아이다움'을 보여줍니다. '아이다움'은 모든 화가, 시인, 예술가들이 소망하는 미덕이지요. 아이들의 시 쓰기는 그래서 어린 시절의 그 감성 그대로 사물을 보는 눈을 유지할 수 있도록 안내하는 게 좋습니다.

문학책의 경우 감동한 바가 많으면 시로 표현해 내기가 쉽습니다. 좋은 시들이 나오는 책을 읽게 하는 것도 좋고, 좋은 그림책을 읽어 주거나 읽게 하는 것도 시 감각을 키우는 데 도움이 됩니다. 그림책의 경우 간략한 표현, 의성어, 의태어, 아이러니한 표현들, 함축적인 표현들, 은유적인 표현들, 역설적인 표현들이 숨어 있으므로 시와 비슷합니다. 아이들에게 비유 능력을 길러 주고, 아이들 스스로가 사물이나 세계와 정서적으로 교감함으로써 언어 창의성뿐만 아니라 생명의 가치까지 깨달을 수 있으니, 시 쓰기는 정말 중요한 독후 활동입니다.

《나무는 좋다》처럼 시를 그림책으로 표현한 책도 있고 동요를 그림과 함께 시로 표현한 《노래 노래 부르며》《나비가 날아간다》도 있습니다. 아이들 시를 묶은 책들로 《엄마의 러닝구》《개나리 헬리콥터》《비 오는 날 일하는 소》도 있지요. 좋은 책을 많이 읽는 것도 시적 감각을 키우는 좋은 방법입니다.

관찰기록문
자세히 보아요

　관찰은 학습과 사고의 시작입니다. 관찰을 통해 새로운 사실들을 알게 되고, 새로운 것을 느끼게 되고, 새로운 것을 생각하게 되며, 새로운 것을 깨닫게 되기 때문입니다. 자기가 관찰한 것을 있는 그대로 표현해 내는 것이 관찰기록문입니다. 관찰할 거리를 먼저 책을 통해 찾아보고, 공원이나 식물원, 산이나 강, 갯벌, 학교나 시장 등에서 직접 관찰할 수 있습니다.

　관찰기록문을 소재로 한 책들이 있습니다. '리네아의 식물일기' 시리즈가 바로 그런 책이지요. 그중에서도 《신기한 식물일기》에는 식물을 기르기 좋아하는 리네아가 과일을 잘라 관찰하고 그 모습을 그린 것도 있고, 강낭콩을 기르며 관찰한 것을 기록한 것도 있습니다. 강낭콩 기르기는 강낭콩에게 이름도 정해 주고 각기 다른 환경 속에서 길러도 보면서 콩 기르는 것을 즐거워하는 내용입니다. 보통 관찰기록문 하면 딱딱하고 재미없는 글이라고 생각하기 쉽지만 이 책은 그런 편견을 깨 줍니다. 기른다는 것, 그것을 기록한다는 것도 얼마든지 따뜻한 내용이 될 수 있음을 알려 주는 책이거든요.

　이 책을 읽고 책 속에 나와 있는 것을 직접 해 보고 나의 관찰 기록과 책 속의 관찰 기록을 비교해 보면 얻을 수 있는 것이 많습니다. 사실 관찰은 나와 세계, 사물을 새롭게 발견해 가는 재미가 쏠쏠한 지적인 과정입니다. 요즘 애완동물 기르듯 애완곤충을 기르는 아이들이 부쩍 늘어난 것도 이런 관찰의 지적 흥미에 아이들이 빠져들고 있다는 뜻입니다.

　《어진이의 농장 일기》는 어진이 가족의 일 년 동안의 주말농장 관찰 기록입니다. 《숲은 어떻게 만들어지는가》도 숲의 변화를 오랜 세월 동안 직접 관찰한 결과를 한 권의 책으로 표현해 냈습니다.

　그 밖에도 그림으로 그려낸 식물도감이나 동물도감은 그 자체가 관찰의 산물입니다. 다른 책과 달리, 관찰 경험이 녹아 있는 책은 대부분 세밀한 그림이 덧붙여져 있어서, 그림을 보는 재미도 무척 쏠쏠하답니다. 그림 하나하나가 관찰 대상을 어찌 그리 세밀하게 복원했는지 감탄사를 연발하게 됩니다.

　좋은 책들을 읽게 하고 그 책에 나오는 것들을 확인하고, 스스로 관찰을 통한 발견의 묘미에 젖어들게 할 수만 있다면, 그리고 더 나아가 세세한 자신의 관찰을 하나하나 기록하게 한다면 이보다 더 훌륭한 독서 지도는 없을 겁니다.

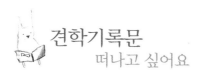

견학기록문
떠나고 싶어요

아이들이 많이 쓰는 기록문 중 하나가 견학기록문입니다. 해마다 한 번 이상은 견학을 하게 되니까, 마음만 먹으면 견학기록문은 여러 편 쓸 수 있기도 합니다. 견학한 내용을 있는 그대로 시간의 순서에 맞게 쓸 수 있다면 좋겠지만 여러 가지로 쉽지 않지요. 아이들을 직접 데리고 갔다 와서 견학기록문을 쓰게 할 수도 있지만, 다녀온 내용을 기록한 글을 먼저 읽고 난 뒤 직접 다녀와서 기록할 수도 있습니다.

기행문은 다녀온 곳에 대해 쓴다는 면에서 견학기록문과 비슷할 수 있지만 이런 글은 감상에 더 초점을 맞춘 글이 됩니다. 견학기록문이 찾아 둘러 본 곳을 시간의 흐름과 장소의 변화에 따라 하나하나 기록해 나간다면, 기행문은 다녀온 곳에 대해 꼭 시간 순서에 맞춰 쓰지 않더라도 감동적인 것들을 우선적으로 쓰면 됩니다.

《차차차 부자의 고궁답사기》1, 2권을 읽고 고궁을 다녀온다면 고궁에 가서 무엇을 볼 것인가를 정할 수도 있고, 또한 다녀온 경험을 어떻게 정리할까 덜 고민하게 되겠지요. 《솔빛별 가족 세계여행기》를 읽으면 해외여행을 기록할 때 유용합니다. 요즘은 해외여행을 떠나는 가족이 늘어서, 여행 일정과 여행 과정에서의 작은 발견까지 기록으로 남겨 두면 아이들에게는 귀중한 체험 공부가 됩니다.

이렇게 견학 기록들을 읽을 수 있고, 책 속에 나오는 장소에 직접 가보는 것도 좋습니다. 견학은 사전 준비가 더 중요한 관찰 학습입니다. 문학 작품의 배경, 소설의 무대, 작가의 출생지 등을 찾아 떠나는 문학 기행도 권장할 만합니다. 이런 경우에도 역시 사전 준비가 필요하지요. 아이들이 상상한 소설의 배경과, 실제 마을을 본 뒤 느낌을 비교하는 일에서부터 기행 코스를 정하는 일까지 챙겨야 할 일이 많지만, 얻는 게 무척 많은 활동입니다.

《물고기 박사 최기철》을 읽고 민물고기를 잡으러 갔다 온 기록을 쓸 수도 있고, 《새 박사 원병오》를 읽고 철새 기행을 다녀와 기록하거나, 《주강현의 우리 문화》를 읽고 짚·풀 생활사 박물관을 다녀와 기록하는 것도 좋습니다.

다녀온 곳에 대한 기록을 즐겁게 할 수 있도록 도와주려면, 가족 여행이었다면 가족 여행 앨범이나 가족 신문을 만드는 것도 좋은 방법입니다. 디지털 카메라로 여행 과정이나 여행지, 사람들의 표정 등을 기록하고 여기에 간단한 자신의 생각을 덧붙이면 쉽겠죠. 학교 단체 견학이라면 짝을 이뤄 진행해 보는 것도 재미있는 결과를 얻을 수 있습니다.

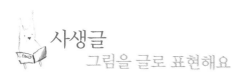

사생글
그림을 글로 표현해요

사생글은 글로 그리는 그림입니다. 눈에 보이는 그대로를 자세히 써 보는 것이지요. 사생글을 쓰면 사물을 자세히 보게 되고 정확하게 나타낼 수 있습니다. 사생글은 자세히 보고 쓴다는 점에서 관찰기록문과 비슷합니다. 친구들을 잘 살펴보고 자세히 그림을 그리듯 글로 표현하게 하면 좋은 글이 나옵니다. 또한 자기가 살고 있는 곳이나, 동네를 여럿이 함께 묘사하면 같은 장소에서 같은 것을 바라보는데도 얼마나 다르게 인식하는가를 알게 되어 이것 또한 재미있습니다. 아이들은 저마다 다른 '인식 지도'를 가지고 있거든요.

사생글을 쓸 때 직접 관찰하고 쓰면 가장 좋습니다. 하지만 막막해할 수 있으므로 책 속의 글을 읽고 써 보게 하는 것이 쉽습니다. 친구에 대한 글을 쓸 때도 그냥 쓰게 하는 것보다는 책 속의 인물 표현을 보고 글을 써도 좋습니다. 책에서는 인물 묘사나 배경 묘사에 이 사생글이 자주 활용되기 때문에 모방 학습이 가능합니다.

《성난 수염》의 감때 영감에 대한 묘사는 감때 영감이 얼마나 사납고 고약하게 생겼나를 잘 보여 줍니다. 마주보고 있는 친구나 옆에 있는 친구를 묘사하게 하면 아이들은 아주 재미있게 묘사합니다. 발표할 때 글에 따라 그림을 그려 보게 해도 즐거운 공부가 됩니다.

아이들이 글을 공감하며 잘 읽을 수 있는 조건 중에는 이야기의 내용이 사진처럼 선명하게 머릿속에서 잘 그려져야 하는 것도 있습니다. 언어적 상황을 구체적인 이미지로, 마치 영화처럼 머릿속으로 옮겨내는 걸 잘 하는 아이일수록 이해력이 높습니다. 배경을 아주 잘 묘사하고 있는데 머릿속에 그리지 못한다면 그 책 속으로 빠져들기는 불가능합니다. 특히 외국 책들은 인물과 배경의 묘사에 많은 지면을 할애하므로, 책을 제대로 읽기 위해서도 시각적 이미지화는 아주 중요합니다.

요즘은 사건으로 바로 들어가 박진감 있게 이야기를 전개하는 책이 많지만, 고전에 속하는 책들은 앞부분에서 인물과 배경을 묘사해서 작품의 기반을 다져놓고 이야기를 진행합니다. 머릿속에 이미지를 그리지 못하는 아이들은 앞부분을 넘기지 못해 책에 대한 흥미를 잃어버리고 책을 못 읽는 경우가 많습니다. 아이들과의 독후 활동 중에는 책 속에 나오는 장면을 읽고 그림으로 표현해 보게 하기도 하는데, 이것은 자기의 머릿속에 그려진 그림을 밖으로 표현해 보는 일입니다. 똑같이 한 장면을 읽어도 머릿속 그림을 잘 그리는 아이는 책의 풍성함 속에 더 잘 빠집니다. 그러니 책이 더 깊이 있게 다가올 수밖에 없는 것이지요.

《느릅나무 거리의 개구쟁이들》 중 '먼슨 할머니의 정원'은 머릿속에 그림이 그려지지 못하면 얼마나 아름다운 정원이 그곳에 만들어졌을지 모르기 때문에 감동하기가 어렵습니다. 《비밀의 화원》 역시 그렇습니다.

그래서 사생글을 잘 쓸 수 있도록 지도하는 방법 중의 하나는 그림책을 많이 보여 주는 것입니다. 그림책을 엄마가 읽는 동안 아이는 내용에 따라 그려진 그림의 세계를 눈으로 따라가며 자세히 보게 됩니다. 다 읽은 뒤에는 거꾸로 그림을 자세히 글로 표현해 보게 하는 것도 방법입니다. 위에서 아래로, 아래에서 위로, 왼쪽에서 오른쪽으로, 오른쪽에서 왼쪽으로 순서를 정해 한 장면 한 장면을 자세히 표현해 보면 사생글을 쓸 수 있는 능력이 자랍니다.

서사글
시간 흐름대로 쓸래요

　서사글은 겪은 일을 글로 쓰는 것입니다. 누가, 언제, 어디에서, 무엇을, 어떻게 하여 어찌 되었다 하는 이야기를 시간의 흐름대로 쓰는 것입니다. 서사글은 모든 글의 바탕이 됩니다. 보통 일기에 많이 이용되는 글입니다. 겪은 일만 자세히 써도 좋은 글이 될 수 있습니다. 하지만 느낌을 강조하기 때문에 아이들이 억지로 느낌을 덧붙이다 보니 '참 재미있는 하루였다' 같은 상투적인 마무리를 하는 경우도 종종 있습니다. 느낌이 들어 있지 않아도 일어난 일만 자세히 쓰면 그 느낌은 충분히 미루어 짐작할 수 있으니, 느낌을 너무 강조하지 않아도 됩니다.

　아이들이 글 쓰는 것을 어려워하는 것은 무엇을 어떻게 표현해야 할지 모르기 때문입니다. 글을 써 보라고 하면 "뭐라고 써요?" 하고 묻습니다. 일기를 쓸 때마다 아이들은 얼마나 고민을 많이 할까요? 글감을 작게 잡아 자세히 써버릇하는 것이 부담 없습니다. 특별한 일만이 글감이 되는 것은 아닙니다. 아침에 일어날 때 있었던 일도, 밥 먹을 때 있었던 일도, 화장실에 갔던 일도, 공부한 일도, 싸운 일도, 놀던 일도, 잠잔 일도 모두 글감입니다. 실제로 늘 일어나는 일 가운데 하나를 글감으로 잡아 일이 일어난 순서대로 들은 것, 한 것, 본 것, 말한 것, 겪은 것들이 잘 드러나도록 자세히 쓰면 정말 좋은 글이 나옵니다. 아이들이 막연해하는 것은 글감을 어떤 것을 잡아야 할지 몰라서 그럴 뿐일 것입니다.

서사글을 잘 쓰기 위해서는 서사글의 형식을 많이 접해 보아야 합니다. 아이들 글 모음집을 읽고 글을 써 보게 하는 것도 좋습니다. 《내가 처음 쓴 일기》나 《새롬이와 함께 일기쓰기》는 일기의 글감이 다양하다는 것을 배울 수 있습니다. 이런 것도 글이 되다니 하는 생각이 들 정도입니다. 《학대받는 아이들》에 나오는 아이들 글도 보기 글로 읽어 주고 쓰게 하면 좋습니다. 하루 동안 일어난 일 자체가 동화인 《잔소리 해방의 날》도 자세히 쓰기의 예로 참고할 수 있습니다.

편지글
작가에게 편지를 써요

아이들이 쉽게 쓸 수 있는 글 중의 하나가 편지글입니다. 편지글은 대상이 정해져 있어 할 말을 구체적으로 떠올리기 때문에 쓰기가 쉽지요. 하지만 쉽게 접근하는 반면 상투적인 내용이 될 수도 있어서 잘 살펴봐야 합니다. 그중에서도 부모님께 쓰는 편지는 더 그렇습니다. '낳아 주셔서 감사하고 길러 주셔서 감사하고 말 안 들어서 죄송하다' 는 내용이 대부분이거든요. 이름을 가리고 읽으면 누구 것인지 가려낼 수도 없습니다. 이런 거 말고 '정말 하고 싶은 말, 나만이 쓸 수 있는 말' 을 써 보라고 해도 잘 안 되는 실정입니다. 정말 하고 싶은 말을 한다기보다 '해야 하는 것' 이라는 부담감을 가져서이기 때문입니다.

요즘은 독서 감상문을 쓸 때 편지 쓰기 형식으로도 많이 씁니다. 이럴 때 상투적인 표현이 되지 않도록 예시 글을 많이 읽어 주는 것이 좋습니다. 어린아이라면 《피터의 편지》를 읽고 생일 초대장을 쓰게 하면 어떨까요? 피터가 편지에서 빼 먹은 내용이 있다는 것을 알아차리고 웃으면 피터 정도의 편지는 '나도 쓸 수 있다' 는 생각이 들어 자신 있게 쓸 수 있습니다.

《리디아의 정원》이나 《편지 쓰는 아이》는 편지 형식의 동화입니다. 내용이 아주 따뜻하고 쉬우면서도 책 속 주인공들의 상황도 아주 잘 알 수 있게 구성되어 있습니다. 이런 편지들을 보기 글로 읽어 주고 편지는 어떻게 써야 하는지를 알려 주면 좋은 글을 기대할 수 있습니다.

편지 쓰기 형식의 독후 활동을 할 때는 작가에게 편지 쓰기, 주인공에게 편지 쓰기, 책 속 인물이 되어 다른 인물에게 편지 쓰기, 책 읽고 친구에게 소개하는 편지 쓰기 등 다양하게 할 수 있습니다. 어느 것이라도 좋은 글이 되려면 책 속의 내용에 충분히 동화되어 직접 그 인물이 되어 본 후 편지를 쓰는 방법이 효과적입니다.

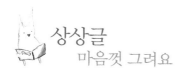

상상글
마음껏 그려요

　"상상해 보세요"라고 주문하면 머리를 쥐어뜯는 아이들이 있습니다. 이런 아이들은 대부분 상상의 기쁨에 빠져 본 적이 없는 아이들입니다. 어려서부터 사실적인 책이나 과학적인 책들을 너무 많이 보아 주변으로부터 '영재' 소리를 들었을지도 모릅니다. "어쩜, 어린애가 저런 것을 아냐!" 하는 감탄도 수없이 들었을 것입니다.

　하지만 상상에 빠져 본 적이 없어 상상해 보라고 하면 눈을 멀뚱거리면서 '왜 그런 이상한 질문을 던지느냐'는 표정을 짓는 아이들은 10년 뒤, 30년 뒤, 50년 뒤의 자신의 미래를 구체적으로 떠올릴 능력이 결여되어 있는 아이들이라고 해도 지나치지 않습니다. 상상력은 자신의 미래를 내다보는 투시력입니다. 그런 상상력이 지금의 자신을 닦달하여 더 멀리, 더 높게 나아가게 만듭니다.

　책을 읽고 상상력을 기를 수 있는 활동 중에는 동화 쓰기가 있습니다. 책을 읽고 같은 소재를 가지고 완전하게 새로 쓸 수도 있고 뒷이야기를 자기가 원하는 대로 써 볼 수도 있고 마음에 안 드는 부분을 고쳐 볼 수도 있지요. 아이들이 책에 흠뻑 빠진다면 이 모든 활동을 좋아합니다.

　이야기 고쳐 쓰기를 지도할 때는 미리 고쳐 쓴 이야기를 읽어 주는 건 어떨까요? 《백설공주》를 고쳐 다시 쓴 《흑설공주 이야기》나 《아기돼지 삼형제》를 고쳐 쓴 《아기돼지 세 자매》와 《아기늑대 삼형제와 못된 돼지》를 써 보는 것도 재미있습니다. 아이들이 무척 즐거워합니다. 뒷이야기 써 보기는 《개구리 왕자》의 뒷이야기를 쓴 《개구리 왕자 그 뒷이야기》를 읽어 주고 써 보라고 하면 됩니다.

　《아기돼지 삼형제》는 어린이 책의 고전입니다. 이 책은 원본 외에도 여러 종류의 패러디 작품들이 있습니다. 이 책을 패러디한 것으로는 주인공을 여주인공으로 바꾼 《아기돼지 세 자매》, 늑대의 처지에서 재구성한 《늑대가 들려주는 아기돼지 삼형제》, 아예 늑대와 돼지의 역할을 바꾸어 버린 《아기늑대 삼형제와 못된 돼지》가 있습니다. 다양한 책들을 읽어 주다 보면 아이들도 영감이 떠오릅니다.

　어느 날 《아기돼지 삼형제》와 이 이야기를 패러디한 《아기돼지 세 자매》를 읽어 주었습니다.

　그때 정민이가 갑자기 질문을 합니다.

　"선생님, 아기돼지 세 남매 이야기는 없나요?"

　"없는데."

　"왜 없어요? 그럼 우리가 한 번 써 봐요."

"그러자."

바로 글쓰기 수업으로 들어갔습니다.

그날 수업은 대성공이었습니다. 공부하는 아이들은 조금씩 다른 모습을 보였습니다. 모든 아이들의 글이 좋았지만 그중에서도 정민이의 글은 너무도 놀라웠습니다. 평소에도 책 읽기와 글쓰기를 좋아하는 아이인데 그날 자신이 제안한 것이 수업으로 받아들여지자 더욱 더 흥분했겠지요. 표현 면에서나 논리적인 면에서나 글을 쓰는 방식 면에서나 완벽했습니다. 그날 이후로 아이들의 능력을 과소평가하는 일은 절대로 하지 않습니다.

아이의 작품을 더 돋보이게 한다면 아예 책으로 만들어 보는 것도 아주 좋은 방법입니다. 구성은 어떻게 할까? 그림은 어떻게 그릴까? 어떤 모양의 책을 만들까? 이런 생각들을 하면서 상상의 나래를 펴고 자신만의 방법을 찾아 창의적으로 표현해 보는 것, 이것이 바로 독서의 완성이겠지요?

내용을 그림이나 만화로 표현해 보는 활동도 아주 재미있습니다. 재구성을 하는 것이지만 그림으로 표현해 내는 데서 상상력을 기를 수 있기 때문입니다. 이 활동도 아이들은 척척 해냅니다. 서로 관계없는 낱말을 주고 글을 쓰게 해 보아도 아이들이 얼마나 천성적으로 이야기꾼들인지 알 수 있지요. 상상을 즐길 수 있는 기회를 주지 않아서 아이들이 밖으로 표출하지 못했을 뿐입니다.

상상하는 것은 즐거운 일입니다. 또한 상상력은 아직 완성되지 않은 보물입니다. 상상글을 쓰면서 아이들은 미래를 생각하고 미래의 꿈을 꾸며 그 모습에 맞게 자기를 가다듬어 나갑니다. 상상의 넓이가 넓으면 넓을수록, 높으면 높을수록, 깊으면 깊을수록 아이들의 꿈은 넓고, 높고, 깊어집니다.

글을 마치면서 이런 말을 떠올려 봅니다.

　"책은 두뇌의 식단이고 독서는 두뇌의 식사다."

　우리는 육체적인 건강만 생각하지 정신적인 건강은 그렇게 심각하게 생각하지 않습니다.

　하지만 육체의 건강을 제어하는 것은 결국 정신의 건강입니다.

　또한, 두뇌의 식단에는 그야말로 산해진미와 영양이 풍부한 음식들이 즐비합니다. 하지만 그 귀하고, 맛있고 영양 많은 음식들도 먹지 않으면 아무 소용이 없겠지요?

　요즘 미디어 보도를 보면 가슴 아픈 사건들을 자주 접하게 됩니다.

　청소년의 탈선이 그 정도를 넘어서 강도나 살인 등 성인범죄를 저지르기도 하고 또 이유 없이 스스로의 목숨을 끊는 자살 사건도 자주 접하게 됩니다.

　교육자의 한 사람으로서, 한 사람의 엄마로서 참으로 가슴 아프고 안타까운 일이 아닐 수 없습니다. 이 같은 사건들에는 여러 가지 원인이 있겠지만 결국은 앞서 말씀드린 대로 '건강하지 못한 정신'에 기인하는 바가 가장 크다고 하겠습니다.

어려서부터 독서를 많이 한 아이들은
'주위의 유혹에 쉽게 흔들리지 않습니다.'
'스스로 귀하게 여기는 자존감이 강해 몸을 함부로 하지 않습니다.'
'다양한 간접 경험을 바탕으로 현실에 강한 적응력을 보입니다.'
'꿈꾸는 미래가 있어 스스로 노력하고 절제할 줄 압니다.'

결손가정의 청소년 비행이 많다고 하지만 아무리 결손가정이라고
해도 책을 읽는 아이들이 비뚤어지는 경우는 거의 없습니다. 제 경험으
로 볼 때, 결손가정의 책 읽는 아이들은 오히려 공부를 열심히 해서 '훌
륭한 사람'이 되겠다는 의지를 일반 아이들보다 더 강하게 가집니다.

인간은 독서를 통해서 유용한 정보와 지식을 얻기도 하지만 독서
는 그 유용성을 넘어서 궁극적인 인간의 행복과 밀접하게 연계되어
있습니다. 마음의 상처를 책을 통해 위로 받고 치유하기도 하며, 책을
통해 가슴 벅찬 감동과 희열을 느끼기도 하고, 책을 통해 자신이 간절
하게 바라는 이상향을 그려 보고 또한 그 길을 책에서 찾아내기도 하
지요.

아동 시절에 감동 깊게 읽은 한 권의 책이 한 사람의 미래를 결정하
기도 합니다. 미국 역사상 가장 존경 받는 대통령 링컨은 《엉클 톰스
캐빈》을 읽고 '노예 해방'의 위대한 업적을 이루었고, 위대한 발명가

토머스 에디슨은 《자연 과학의 학교》라는 책을 읽고 발명가의 길로 들어섰으며, 우리가 잘 아는 곤충학자 앙리 파브르는 《시이튼 동물기》를 읽고 곤충의 생태를 연구하여 곤충학자로서의 세계적 명성을 얻게 됩니다.

책은 시공을 초월하여 우리에게 무한한 정보와 지식을 아낌없이 줍니다. 동서양의 과거와 현재, 미래를 넘나들며 위대한 인물과 역사를 만나고, 대륙을 여행하기도 하며 우주를 유영하기도 합니다.

우리가 보는 많은 책 중에는 작가와 저자들이 평생을 바쳐 만든 가치 있는 책들이 많습니다. 그런데 우리는 겨우 몇 천원 또는 돈 한 푼 들이지 않고 평생의 역작들을 안방에서, 도서관에서 쉽게 만나 볼 수 있는 행복과 행운을 누리고 있습니다.

아이들의 행복한 삶을 원하지 않는 부모는 세상에 없겠지요?

하지만 아이들의 행복한 삶에 가장 중요한 영향을 미치는 독서에 관심을 가지는 부모는 그렇게 많지 않습니다.

세 살 버릇 여든까지 간다고 했나요?

어릴 때부터 갖춰지지 않은 독서습관은 성장해서 쉬이 만들어지지 않습니다. 무슨 일이 있어도 사랑하는 우리 아이들에게 '독서습관' 만은 꼭 물려주세요.

이는 100억 원의 상속보다도 훨씬 귀하고 가치 있는 유산입니다.

·부록·

[ㄱ]

강아지똥 권정생 글 | 정승각 그림 | 길벗어린이 · 139

개구리 왕자 그 뒷이야기 존 셰스카 글 | 스티브 존슨 그림
엄혜숙 옮김 | 보림 · 248

개구쟁이 해리 진 자이언 글 | 마거릿 블로이 그레이엄 그림
임정재 옮김 | 언어세상 · 112, 158

개나리 헬리콥터 김녹촌 지음 | 지식산업사 · 234

개 한 마리 갖고 싶어요 보물섬 엮음 | 푸른나무 · 207

갯벌 박경태 글 | 김병하 그림 | 우리교육 · 121, 230

갯벌에 뭐가 사나 볼래요 도토리 지음 | 이원우 그림 | 보리 · 167

갯벌이 좋아요 유애로 글 · 그림 | 보림 · 165, 227

겨레의 인걸 100인 윤승운 지음 | 산하 · 211

고양이네 점심 와타나베 유이치 지음 | 프뢰벨 · 162

곰 사냥을 떠나자 마이클 로젠 지음 | 헬린 옥슨버리 그림
공경희 옮김 | 시공주니어 · 195

관혼상제 재미있는 옛날 풍습 우리누리 지음 | 랜덤하우스코리아 · 180

괭이부리말 아이들 김중미 지음 | 송진헌 그림 | 창작과비평사 · 216

구두구두 걸어라 하야시 아키코 지음 | 한림 · 47, 194

구리와 구라의 빵 만들기 나카가와 리에코 지음
야마와키 유리코 그림 | 한림 · 145

기계들은 무슨 일을 하지? 바이런 바트 지음 | 최리을 옮김 | 비룡소 · 196

김기창 최병식 지음 | 이상규 그림 | 길벗어린이 · 174

김태정 선생님과 함께 떠나는 우리 꽃 나들이 김태정 지음
　　　　　　　　　　　　　　　　　　　　권현진 그림 | 문공사 · 212

김홍도 정하섭 지음 | 이은천 그림 | 길벗어린이 · 174

깃털 없는 기러기 보르카 존 버닝햄 지음 | 엄혜숙 옮김 | 비룡소 · 204

까마귀 소년 야시마 타로 지음 | 윤구병 옮김 | 비룡소 · 155

꼬니는 친구 정대영 지음 | 보림 · 174

꼬마 유령들의 저녁 식사 쟈끄 뒤케뉘아 지음 | 사계절 · 145

[ㄴ]

나는 선생님이 좋아요 하이타니 겐지로 지음 | 햇살과 나무꾼 옮김 | 양철북 · 216

나도 갈래 쓰쓰이 요리코 글 | 하야시 아키코 그림 | 이영준 옮김 | 한림 · 133

나도 아프고 싶어! 프란츠 브란덴베르크 지음 | 알리키 브란덴베르크 그림
　　　　　　　　　　　이수연 옮김 | 시공주니어 · 158

나무는 좋다 재니스 메이 우드리 지음 | 마르크 시몽 그림
　　　　　　　　　강무홍 옮김 | 시공주니어 · 234

나비가 날아간다 김용택 지음 | 정순희 그림 | 미세기 · 234

나비를 잡는 아버지 현덕 지음 | 김환영 그림 | 길벗어린이 · 216

나의 산에서 진 크레이그헤드 조지 지음 | 김원구 옮김 | 비룡소 · 143, 153

나의 크레용 죠 신타 지음 | 정근 그림 | 보림 · 193

난 아빠도 있어요 크리스티네 뇌스틀링거 글 | 김라합 옮김 | 우리교육 · 185

난 토마토 절대 안 먹어 로렌 차일드 지음 | 조은수 옮김 | 국민서관 · 157

내가 처음 쓴 일기 대구금포초등학교 1학년 2반 아이들
윤태규 엮음 | 김성민 그림 | 보리 · 244

내 사랑 뽀뽀 케빈 헹크스 글 · 그림 | 이경혜 옮김 | 비룡소 · 158

내 어린 시절의 북극 노르미 에쿠미악 지음 | 이혜선 옮김 | 사계절 · 210

내 친구 커트니 존 버닝햄 글 · 그림 | 고승희 옮김 | 비룡소 · 138

냄새차가 나가신다! 케이트 맥뮐란 지음 | 짐 맥뮐란 그림
조은수 옮김 | 아이세움 · 196

냠냠 짭짭 이태수 외 지음 | 보리 · 42

너구리와 도둑 쥐 오토모 야스오 지음 | 한림 · 150

너, 누구 닮았니? 로리 뮈라이유 지음 | 오딜 에렌 그림 | 최윤정 옮김 | 비룡소 · 155

너는 특별하단다 맥스 루카도 지음 | 세르지오 마르티네즈 그림
아기장수의 날개 옮김 | 고슴도치 · 156

노란 양동이 모리야마 미야코 지음 | 쓰치다 요시하루 그림
양선하 옮김 | 현암사 · 206

노래 노래 부르며 이원수 외 지음 | 장흥을 그림 | 길벗어린이 · 234

노아의 방주를 탄 동물들 바바라 레이드 지음 | 김장성 옮김 | 사계절 · 174

부록 : 찾아보기

누가 내 머리에 똥 쌌어? 베르너 홀츠바르트 글
　　　　　　　　　볼프 에를브루흐 그림 | 사계절 · 44, 169

누구 그림자일까? 최숙희 지음 | 보림 · 196

느릅나무 거리의 개구쟁이들 필리파 피어스 지음
　　　　　　　　　햇살과 나무꾼 옮김 | 논장 · 210, 242

늑대가 들려주는 아기돼지 삼형제 존 셰스카 지음 | 레인 스미스 그림 | 보림 · 248

[ㄷ]

다빈치 실비 지라르데 지음 | 최윤정 옮김 | 길벗어린이 · 174

달님 안녕 하야시 아키코 지음 | 한림 · 48, 194

달님이 본 것은? 브라이언 와일드 스미스 지음 | 우순교 옮김 | 보림 · 196

덜컹덜컹 트럭 토니 미턴 지음 | 앤트 파커 그림 | 고정아 옮김 | 웅진주니어 · 196

도깨비 방망이 정차준 글 | 한병호 그림 | 보림 · 71

도서관 사라 스튜어트 지음 | 지혜연 옮김 | 시공주니어 · 146

돌고 도는 돈 발레리 기두 글 | 브뤼노 하이츠 그림
　　　　　　　　　김예령 옮김 | 시공주니어 · 212

돌도끼에서 우리별 3호까지 전상운 지음 | 이상규 그림 | 아이세움 · 220, 228

동생이 없어졌으면 좋겠어 안 휘쉬린드 지음 | 최선경 옮김 | 고려원북스 · 185

따로 따로 행복하게 배빗 콜 지음 | 고정아 옮김 | 보림 · 184

떡 잔치 강인희 글 | 정대영 그림 | 보림 · 71, 180

똥벼락 김회경 글 | 조혜란 그림 | 사계절 · 151

[ㄹ]

루이 브라이 마가렛 데이비슨 지음 | J.컴페어 그림 | 이양숙 옮김 | 다산기획 · 217

리디아의 정원 사라 스튜어트 지음 | 데이비드 스몰 그림
　　　　　　　 이복희 옮김 | 시공주니어 · 246

[ㅁ]

마녀 위니 밸러리 토마스 글 | 코키 폴 그림 | 김중철 옮김 | 비룡소 · 173

마당을 나온 암탉 황선미 글 | 김환영 그림 | 사계절 · 105, 143

마들렌카 피터 시스 지음 | 윤정 옮김 | 베틀북 · 206

만화 마법천자문 시리얼 지음 | 김창환 감수 | 아울북 · 126

만화로 보는 그리스 로마 신화 토마스 불핀치 지음
　　　　　　　　　　　　 이광진 옮김 | 서영 그림 | 가나 · 102

말괄량이 기관차 치치 버지니아 리 버튼 지음 | 홍연미 옮김 | 시공주니어 · 142

머리에 뿔이 났어요 데이비드 스몰 지음 | 김종렬 옮김 | 한길사 · 200

멋스러운 우리 옛 그림 우리누리 지음 | 랜덤하우스코리아 · 210

멍멍 의사선생님 배빗 콜 지음 | 보림 · 170

메밀꽃 필 무렵 이효석 지음 | 다림 · 51

모네 실비 지라르데 지음 | 신동준 옮김 | 길벗어린이 · 174

몽실언니 권정생 지음 | 이철수 그림 | 창작과비평사 · 151

무얼 타고 갈까요? 이미애 지음 | 장현경 그림 | 삼성출판사 · 196

무엇이 무엇이 똑같을까? 이미애 글 | 한병호 그림 | 보림 · 192

무지개 물고기 마르쿠스 피스터 지음 | 공경희 옮김 | 시공주니어 · 200

물고기 박사 최기철 이상권 지음 | 이정규 그림 | 우리교육 · 238

물의 여행 엘레오노레 슈미트 지음 | 김윤태 옮김 | 비룡소 · 166

미스 럼피우스 바버러 쿠니 지음 | 우미경 옮김 | 시공주니어 · 146

[ㅂ]

바빠요 바빠 윤구병 글 | 이태수 그림 | 보리 · 165

박수근 김경연 지음 | 이상규 그림 | 길벗어린이 · 174

반지의 제왕 존 로날드 로웰 톨킨 글 | 알란 리 그림
　　　　　　김번 · 김보원 · 이미애 옮김 | 씨앗을뿌리는사람 · 102

반쪽이 이미애 글 | 이억배 그림 | 보림 · 177, 224

밤티마을 봄이네 집 이금이 지음 | 양상용 그림 | 푸른책들 · 186

밤티마을 영미네 집 이금이 지음 | 양상용 그림 | 푸른책들 · 186

밤티마을 큰돌이네 집 이금이 글 | 양상용 그림 | 푸른책들 · 105, 185

밥 힘으로 살아온 우리 민족 김아리 글 | 정수영 그림 | 아이세움 · 228

백만마리 고양이 완다 가그 지음 | 강무환 옮김 | 시공주니어 · 110

백범 김구 신경림 글 | 이철수 그림 | 창작과비평사 · 217

버들붕어 하킴 박윤규 지음 | 송교성 그림 | 현암사 · 209

벌거숭이 벌거숭이 야규 겐이치로 지음 | 한림 · 167

별똥별 아줌마가 들려주는 우주 이야기 이지유 지음 | 이시우 감수 | 미래M&B · 220

부루퉁한 스핑키 윌리엄 스타이그 지음 | 조은수 옮김 | 비룡소 · 130

비밀의 화원 프랜시스 호즈슨 버넷 지음 | 타샤 튜더 그림
　　　　　　　공경희 옮김 | 시공주니어 · 242

비오는 날 일하는 소 이호철 엮음 | 정승각 그림 | 산하 · 234

빨간 소파의 비밀 정 위엔지에 글 | 윤정주 그림
　　　　　　　심봉희 옮김 | 웅진주니어 · 105, 148

[ㅅ]

사고뭉치 한자 숙어 박사 문명식 지음 | 웅진주니어 · 211

사과가 쿵! 다다 히로시 글 · 그림 | 정근 옮김 | 보림 · 111, 194

사냥꾼 하나 팻 허친즈 지음 | 홍연미 옮김 | 시공주니어 · 161

사람은 누구나 평등해요 조 호에스틀랜드 글 | 앙투안 부비에 그림
　　　　　　　권명희 옮김 | 삼성당 · 221

사랑에 빠진 개구리 맥스 벨트하우스 지음 | 이명희 옮김 | 마루벌 · 199

부록 : 찾아보기

사진과 그림으로 보는 한국사 편지 박은봉 지음 | 웅진주니어 · 220

살아 있는 땅 엘레오노레 슈미트 지음 | 김윤태 옮김 | 비룡소 · 166

살아 있는 모든 것은 브라이언 멜로니 지음 | 로버트 잉펜 그림
　　　　　　　　　　　이명희 옮김 | 마루벌 · 169

새롬이와 함께 일기쓰기 이새롬 지음 | 이성인 엮음 | 보리 · 244

새 박사 원병오 이상권 지음 | 이상규 그림 | 우리교육 · 238

샤갈 실비 지라르데 지음 | 최윤정 옮김 | 길벗어린이 · 174

서울 600년 이야기 김근태 지음 | 산하 · 181

선녀와 나무꾼 서정오 지음 | 여우고개 · 17

선사시대 소니아 골디 글 | 안네 바이스 · 파스칼 에스테용 그림
　　　　　　최윤정 옮김 | 계림북스쿨 · 211

선인장 호텔 브렌다 기버슨 글 | 미간 로이드 그림 | 이명희 옮김 | 마루벌 · 46

성난 수염 마해송 지음 우리교육 · 239

세밀화로 보는 곤충의 생활 권혁도 지음 | 길벗어린이 · 167

세상에서 가장 유명한 미술관 메리디스 후퍼 지음 | 마크 버거스 · 알랜컬리스 그림
　　　　　　　　　　　　　　　김남중 옮김 | 국민서관 · 175, 228

세상을 담은 그림-지도 김향금 지음 | 최숙희 그림 | 보림 · 180

세상을 바꾼 위대한 책벌레들 김문태 지음 | 이량덕 그림 | 뜨인돌어린이 · 211

세 친구 헬메 하이네 글 · 그림 | 황윤선 옮김 | 시공주니어 · 138

소중한 나의 몸 정지영 · 정혜영 지음 | 비룡소 · 167, 201

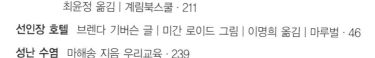

속담 속에 숨은 과학 정창훈 지음 | 이상권 그림 | 봄나무 · 212

손이 나왔네 하야시 아키코 지음 | 한림 · 48, 194

솔빛별 가족 세계여행기 조영호 외 지음 | 현암사 · 237

수학은 너무 어려워 베아트리스 루에 지음 | 로지 그림 | 최윤정 옮김 비룡소 · 206

숨쉬는 항아리 정병락 글 | 박완숙 그림 | 보림 · 227

숫자 3의 멋진 잔치 조문현 지음 | 동아출판사(두산) · 110, 163

숲은 어떻게 만들어지는가 윌리엄 재스퍼슨 지음 | 척 에카르트 그림
이은주 옮김 | 비룡소 · 236

숲을 그냥 내버려 둬! 다비드 모리송 글 · 그림 | 크레용하우스 · 171

시냇물 저쪽 엘즈비에타 지음 | 홍성혜 옮김 | 마루벌 · 205

신기한 식물일기 크리스티나 비외르크 글 | 레나 안데르손 그림
김석희 옮김 | 미래사 · 235

신나는 교실 윤태규 지음 | 박소래 그림 | 산하 · 149

심심해서 그랬어 윤구병 글 | 이태수 그림 | 보리 · 164

쏘피가 화나면-정말, 정말 화나면 몰리 뱅 지음 | 이은화 옮김 | 케이유니버스 · 198

씨실날실 주강현 지음 | 안정의 인형제작 | 보림 · 180

[ㅇ]

아기늑대 삼형제와 못된 돼지 에예니오스 트리비자스 글
헬린 옥슨버리 그림 | 조은수 옮김 | 웅진 · 248

부록 : 찾아보기

아기돼지 세 자매 프레데릭 스테르 지음 | 최윤정 옮김 | 파랑새 어린이 · 248

아기 세모의 세 번째 생일 필립 세들레츠스키 지음
최윤정 옮김 | 파랑새어린이 · 162

아기 오리들한테 길을 비켜 주세요 로버트 머클로스키 지음
이수연 옮김 | 시공주니어 · 203

아무도 모를 거야 내가 누군지 김향금 지음 | 이혜리 그림 | 보림 · 180

아빠랑 함께 피자 놀이를 윌리엄 스타이그 그림 | 박찬순 옮김 | 보림 · 183

아재랑 공재랑 동네 한 바퀴 조은수 글 | 문승연 그림 | 길벗어린이 · 182

아툭 미샤 다미안 지음 | 요쳅 빌콘 그림 | 신형건 옮김 | 보물창고 · 205

악어도 깜짝 치과 의사도 깜짝 고미타로 지음 | 이종화 옮김 | 비룡소 · 157

악어클럽 막스 폰 테어 그륀 지음 | 정지창 옮김 | 창작과비평사 · 139

안나와 떠나는 미술관 여행 비외른 소르틀란 지음 | 라르스 엘링 그림
박효상 옮김 | 주니어김영사 · 175

안내견 탄실이 고정욱 지음 | 김동성 그림 | 대교출판 · 209

안 돼, 데이빗! 데이빗 섀논 지음 | 지경사 · 197

알쏭달쏭 12가지 띠의 비밀 우리누리 지음 | 김복태 그림 | 랜덤하우스코리아 · 181

애앵애앵 불자동차 토니 미턴 지음 | 앤드 파커 그림
고정아 옮김 | 웅진주니어 · 196

앨피가 일등이에요 셜리 휴즈 글 · 그림 | 조숙은 옮김 | 보림 · 140

앵무새 열 마리 퀀틴 블레이크 지음 | 장혜린 옮김 | 시공주니어 · 161

야옹이가 제일 좋아하는 색깔은 제인 커브레라 지음 | 김향금 옮김 | 보림 · 193

어디, 똥보 맛 좀 볼래? 모카 지음 | 아나이스 보즐라드 그림
　　　　　　　최윤정 옮김 | 비룡소 · 141

어린이 이슬람 바로 알기 이희수 지음 | 청솔 · 219

어린이가 처음 만나는 수학 그림책 안노 미츠마사 지음 | 한림 · 163

어린이를 위한 우리나라 지도책 이형권 지음 | 김정한 그림 | 아이세움 · 206

어진이의 농장 일기 신혜원 지음 | 창작과비평사 · 236

엄마의 런닝구 한국글쓰기연구회 엮음 | 보리 · 234

엄마의 역사편지 박은봉 지음 | 웅진주니어 · 210, 220

에밀은 사고뭉치 아스트리드 린드그렌 글 | 비에른 베리 그림
　　　　　　　햇살과나무꾼 옮김 | 논장 · 148

연필을 잡으면 그리고 싶어요 덕산초등학교 5학년 1반 지음 | 이호철 지도 | 보리 · 212

열두 달 풍속 놀이 김종대 지음 | 산하 · 181

열두 띠 이야기 정하섭 지음 | 이춘길 그림 | 보림 · 228

열두 살에 부자가 된 키라 보도 섀퍼 지음 | 신지원 그림
　　　　　　　김준광 옮김 | 을파소 · 219

염라대왕을 잡아라 정하섭 지음 | 한병호 그림 | 창작과비평사 · 179

옛이야기 들려주기 서정오 지음 | 보리 · 178

오른발 왼발 토미 드 파올라 지음 | 정해왕 옮김 | 비룡소 · 139

옷감짜기 김경옥 글 | 김현준 · 정진희 그림 | 보림 · 219

왜? 니콜라이 포포프 지음 | 현암사 · 205

외톨이 사자는 친구가 없대요 나카노 히로카주 지음 | 한림 · 154

부록 : 찾아보기

용감한 아이린 윌리엄 스타이그 지음 | 김서정 옮김 | 웅진주니어 · 188

우당탕탕 할머니 귀가 커졌어요 엘리자베드 슈티메르트 지음 | 카를리네 케르 그림
유혜자 옮김 | 비룡소 · 189

우리 몸의 구멍 허은미 글 | 이혜리 그림 | 천둥거인 · 169

우리 선생님이 최고야! 케빈 헹크스 지음 | 이경혜 옮김 | 비룡소 · 187

우리 순이 어디 가니 윤구병 글 | 이태수 그림 | 보리 · 164

우리 조상들의 의식주 이야기 표시정 지음 | 다산기획 · 219

우리 할아버지 존 버닝햄 지음 | 박상희 옮김 | 비룡소 · 184

우리가 정말 알아야 할 우리 옛이야기 백가지 서정오 글
이우정 그림 | 현암사 · 178, 202

우리끼리 가자 윤구병 글 | 이태수 그림 | 보리 · 165

우리를 둘러싼 공기 엘레오노레 슈미트 지음 | 김윤태 옮김 | 비룡소 · 166

우정의 거미줄 E.B.화이트 글 | 가스 윌리엄스 그림 | 김경 옮김 | 창작과비평사 · 139

움직이는 건 뭐지? 김동광 지음 | 이형진 그림 | 아이세움 · 203

위대한 발명품이 나를 울려요 햇살과 나무꾼 지음 | 사계절 · 230

음식을 바꾼 문화 세계를 바꾼 음식 김아리 글 | 정수영 그림 | 아이세움 · 219

이상한 나라의 숫자들 크라안 부부 지음 | 김영무 옮김 | 분도 · 110, 163

이슬이의 첫 심부름 쓰쓰이 요리코 지음 | 하야시 아키코 그림 | 한림 · 160

이야기가 술술 우리 신화 우리누리 지음 | 황보 순희 그림 | 랜덤하우스코리아 · 179

이중섭 최석태 지음 | 김우선 그림 | 길벗어린이 · 174

[ㅈ]

작은 집 이야기 버지니아 리 버튼 지음 | 홍연미 옮김 | 시공주니어 · 172

잔소리 해방의 날 안네마리 노르덴 글 | A.펜케넬레 그림
경기대 아동—아동 청소년 문학연구실 옮김 | 온누리 · 143, 244

장갑 에우게니 M. 라쵸프 지음 | 이영준 옮김 | 한림 · 177

장승업 이양재 지음 | 이상규 그림 | 길벗어린이 · 174

잭과 못된 나무 브라이언 와일드스미스 글 · 그림 | 김선애 옮김 | 시공주니어 · 171

정약용의 편지 정한샘 지음 | 푸른나무 · 228

조토 실비 지라르데 지음 | 최윤정 옮김 | 길벗어린이 · 174

주강현의 우리 문화 주강현 지음 | 아이세움 · 238

주먹이 김중철 지음 | 웅진주니어 · 200

주역 쑨 잉퀘이 · 양 이밍 지음 | 박삼수 옮김 | 현암사 · 217

쥐돌이는 화가 이호백 글 · 그림 | 비룡소 · 173

지각대장 존 존 버닝햄 지음 | 박상희 옮김 | 비룡소 · 188

지구에서 달까지 쥘 베른 지음 | 김석희 옮김 | 열림원 · 103

집 나가자 꿀꿀꿀 야규 마치코 지음 | 고향옥 옮김 | 웅진주니어 · 143

짜장 짬뽕 탕수육 김영주 글 | 고경숙 그림 | 재미마주 · 140

쪽빛을 찾아서 유애로 글 · 그림 | 보림 · 180

[ㅊ]

차차차 부자의 고궁답사기 차준용 지음 | 미래M&B · 237

찾아라, 고구려 고분 벽화 이경순 지음 | 류제진 그림 | 창해 · 230

첫 발견 시리즈 제임스 푸르니에 외 지음 | 꼬마샘터 · 167

초등 공부 독서가 전부다 강백향 외 지음 | 한스미디어 · 60

초등학생을 위한 오케스트라의 모든 것 브루스 코실니악 지음
헤이리 키즈 옮김 | 주니어김영사 · 214

최열 아저씨의 지구촌 환경 이야기 최열 지음 | 노희성 그림 | 청년사 · 172, 230

충치 도깨비 달달이와 콤콤이 안나 러셀만 지음 | 박희준 옮김 | 현암사 · 157

치과 의사 드소토 선생님 윌리엄 스타이그 지음 | 조은수 옮김 | 비룡소 · 157

[ㅋ]

커다란 순무 알릭셰이 톨스토이 지음 | 헬린 옥슨버리 그림
박향주 옮김 | 시공주니어 · 177

커피우유와 소보로빵 카롤린 필립스 지음 | 허구 그림 | 전은경 옮김 | 푸른숲 · 187

쿠슐라와 그림책 이야기 도로시 버틀러 지음 | 김중철 옮김 | 보림 · 40

[ㅌ]

털보박사님과 이상한 빛 시게루 타무라 지음 | 베틀북 · 162

털보박사님과 철사균 물리치기 시게루 타무라 지음 | 베틀북 · 162

톰 아저씨의 오두막 해리엇 비처 스토 지음 | 유동한 옮김
　　　　　　　　　 김영랑 그림 | 아이세움 · 230

티치 팻 허친즈 지음 | 박현철 옮김 | 시공주니어 · 163

[ㅍ]

팥죽 할멈과 호랑이 서정오 글 | 박경진 그림 | 보리 · 178

편지 쓰는 아이 비벌리 클리어리 지음 | 임현숙 옮김 | 산하 · 246

푸른 돌고래섬 스콧 오델 지음 | 김종도 그림 | 김옥수 옮김 | 우리교육 · 151

프란시스는 잼만 좋아해 러셀 호번 지음 | 릴리언 호번 그림
　　　　　　　　　　　 이경혜 옮김 | 비룡소 · 150

피카소 실비 지라르데 지음 | 최윤정 옮김 | 길벗어린이 · 174

피터의 의자 에즈러 잭 키츠 지음 | 이진영 옮김 | 시공주니어 · 199

피터의 편지 에즈라 잭 키츠 지음 | 이진수 옮김 | 비룡소 · 245

피튜니아, 공부를 시작하다 로저 뒤바젱 지음 | 서애경 옮김 | 시공주니어 · 203

피튜니아, 여행을 떠나다 로저 뒤바젱 지음 | 서애경 옮김 | 시공주니어 · 203

부록 : 찾아보기

[ㅎ]

하나라도 백 개인 사과 이노우에 마사지 지음 | 정미영 옮김 | 문학동네어린이 · 201

하늘이 내린 시조 임금님들 우리누리 지음 | 랜덤하우스코리아 · 179

학대받는 아이들 이호철 지음 | 보리 · 244

할머니 페터 헤르틀링 글 | 페터 크노르 그림 | 박양규 옮김 | 비룡소 · 184

할머니가 남긴 선물 마거릿 와일드 글 | 론 브룩스 그림
　　　　　　　　　 최순희 옮김 | 시공주니어 · 132

해리포터 시리즈 조앤K.롤링 지음 | 김혜원 외 옮김 | 문학수첩 · 99, 102

해저 2만리 쥘 베른 지음 | 김석희 옮김 | 열림원 · 103

행복은 네 곁에 있단다 맥스 루카도 글 | 세르지오 마르티네즈 그림
　　　　　　　　　　 아기장수의 날개 옮김 | 고슴도치 · 208

향수 파크리크 쥐스킨트 | 강명순 옮김 | 열린책들 · 127

헨리에타의 첫겨울 롭 루이스 지음 | 정해왕 옮김 | 비룡소 · 165

호랑이 뱃속에서 고래잡기 김용택 지음 | 신혜원 그림 | 푸른 숲 · 207

화물 열차 도널드 크루즈 지음 | 박철주 옮김 | 시공주니어 · 196

화요일의 두꺼비 러셀 에릭슨 지음 | 김종도 그림 | 사계절 · 207

흑설공주 이야기 바바라 G 워커 지음 | 박혜란 옮김 | 뜨인돌 · 248

흥미로운 국보 여행 배봉기 지음 | 산하 · 181